陈家佳 编著

高效记忆法

记忆宫殿

清华大学出版社

北 京

内 容 简 介

　　本书是一本实用的记忆方法学习与训练手册，涵盖学习、生活、工作、专业、记忆比赛方面的记忆方法。本书按照从大脑的记忆功能到传统的记忆方法、简单的联想记忆，再到古罗马记忆术——记忆宫殿的顺序，列举了大量单词、文理科知识点、不同专业知识点的记忆方法，讲解了记忆术在生活中的应用，以及世界记忆比赛的训练方法和其他脑力的训练。

　　本书适合广大学生群体、记忆爱好者以及渴望提升记忆力的职场人士阅读。

图书在版编目（CIP）数据

记忆宫殿：高效记忆法 / 陈家佳编著 . — 北京：清华大学出版社，2023.10（2024.11重印）
ISBN 978-7-302-64717-1

Ⅰ．①记…　Ⅱ．①陈…　Ⅲ．①记忆术　Ⅳ．① B842.3

中国国家版本馆 CIP 数据核字（2023）第 191959 号

责任编辑：杜春杰
封面设计：刘　超
版式设计：楠竹文化
责任校对：马军令
责任印制：杨　艳

出版发行：清华大学出版社
　　　　网　　　址：https://www.tup.com.cn，https://www.wqxuetang.com
　　　　地　　　址：北京清华大学学研大厦 A 座　　　　邮　　编：100084
　　　　社 总 机：010-83470000　　　　　　　　　　邮　　购：010-62786544
　　　　投稿与读者服务：010-62776969，c-service@tup.tsinghua.edu.cn
　　　　质量反馈：010-62772015，zhiliang@tup.tsinghua.edu.cn
印 装 者：三河市铭诚印务有限公司
经　　销：全国新华书店
开　　本：185mm×260mm　　印　　张：12.75　　字　　数：212 千字
版　　次：2023 年 10 月第 1 版　　　　　　　　　　印　　次：2024 年 11 月第 3 次印刷
定　　价：59.80 元

产品编号：099955-01

前言
Preface

学习有方法，记忆也有方法。本书
以古罗马记忆术——记忆宫殿为基础，
讲述相关的记忆方法，通过科学有效的
记忆方法，让学生快速提升学习成绩。

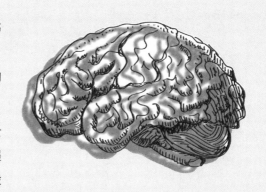

记忆宫殿最早是在明朝时由传教士
利玛窦带入中国的，并在当时的文人墨
客中引起一阵小范围的轰动。记忆宫殿
在国外一直有很多人在使用，而在我国并未流传开来。时至今日，中外多部影视剧和
综艺节目中均出现过关于记忆宫殿的情节，由此记忆宫殿渐渐在我国被大众所熟知。
但这大都停留在影视剧和综艺节目中，并未真正用于学习、训练。

高中的时候，我患上了过敏性鼻炎，导致记忆力下降，所以特意买过一本记忆术
的书籍学习，让我受益匪浅。上大学后我因享受大学的美好时光而中断了学习、训练
记忆术。直到电视节目《最强大脑》的热播，我才又捡起了记忆术，并利用业余时间
开发了一款记忆宫殿手机软件。

本书从记忆宫殿的起源、原理开始，讲解不同类型的记忆宫殿，以及记忆宫殿的
基础方法、运用与训练，并分析、讲解记忆比赛项目及《最强大脑》的记忆项目，最
后讲解学习方面的应用记忆，其中列举了大量的记忆例子和训练项目，以帮助大家快
速掌握记忆宫殿。

对于想提升记忆力的人来说，记忆宫殿是学习的基础。

最后，感谢清华大学出版社和黄磊先生为本书做出的贡献。

编者

2023 年 1 月

目 录

|||Contents

第 8 章

记忆宫殿应用 2：
最强大脑记忆
项目

137

第 9 章

记忆宫殿应用 3：
学习内容记忆

179

第1章
什么是记忆宫殿

———

记忆是知识的唯一管库人。——菲利普·锡德尼

1.1　来自古罗马的神奇记忆法

记忆宫殿是一种古罗马的记忆方法，人们需要经过大量不间断的训练，才能达到一定水准，因其训练过程枯燥乏味，使得很多人中途放弃。即使有的人掌握了记忆宫殿，可是只用来记忆扑克牌，并未涉及其他内容，这也只能算入门。入门很简单，但想熟练运用，需要一个训练和积累的过程。

记忆宫殿是将已知的记忆桩与需要记忆的内容联系在一起，联系的过程称为"联想记忆"。学习记忆宫殿需要一定的联想能力，在运用记忆宫殿前，需选定一批记忆桩，将记忆的内容通过联想"绑定"到记忆桩上。记忆桩是提前熟知的，所需记忆的内容是未知的，因此可以达到"以熟记新"的效果。

记忆桩是记忆的载点，用来承载内容。记忆桩的形式有多种，也可自己定义记忆桩的类型，但记忆桩的顺序一定要固定不变，且记忆桩本身也不能随意更改，以免产生记忆混乱。当需回忆所记的内容时，只要按顺序将每个记忆桩上"绑定"的内容回想出来即可，这是提取内容的过程，而记忆桩就成为提取的线索，有了线索就能快速地提取内容。为什么有时我们记住了很多内容，但之后却回想不起来，不是我们没有记住，而是记的内容太多，没有一个线索帮助我们从记忆中提取我们所需的内容。

记忆宫殿是需要不断训练才能熟练运用其记忆各种内容的，不是只靠学习记忆宫殿的理论就能掌握的记忆方法。只有在反复的训练过程中，才能领悟记忆宫殿的真谛。

1.2　记忆宫殿的起源

中世纪的欧洲，印刷术还没有普及，所以很多书都需要通过人脑记忆，记忆宫殿这种技术便应运而生。

相传在古希腊，一位诗人西莫尼德斯在参加宴会时，门外有人找他，诗人出来之后却不见人影。就在这个时候，一声巨响传来，西莫尼德斯回头一看，整个宴会大厅突然崩塌！

刹那间，宴会大厅变为一片废墟，除了西莫尼德斯之外的所有宾客都被埋在废墟之下。在救援的时候，由于尸体已经被压得血肉模糊，亲属难以辨认。

而幸存的西莫尼德斯能够清楚地记得宴会上每个人的落座位置，他帮助悲痛的亲属们找到了自己的亲人。

这就是记忆宫殿最初的模型，它的核心原理是把要记忆的内容信息转换成图像，用各种夸张、离奇，甚至血腥的想象把内容信息存进人们的大脑。

记忆术能够有效提升人们的记忆力，甚至有的人可以达到过目不忘的效果。但在欧洲中世纪，大多数人认为掌握记忆宫殿的人都是妖孽，只要发现就会将他们烧死。

荒谬的时代结束后，随着时间的推移，记忆宫殿慢慢被人们所接受，越来越多的人开始学习记忆宫殿，一些传教士利用记忆宫殿记忆大量的文章典籍。

意大利传教士利玛窦在明末来到中国，带来了西方先进的科学技术，也带来了记忆宫殿这项技术。

利玛窦的记忆力堪称过目不忘。他在澳门只学习了一年汉语就进入中国内地，而在此之前他对中国的了解少之又少，更不会汉语。在华传教的过程中，他为了融入中国士大夫阶层，不断学习中国文化，背诵四书五经，最终不但能与中国士大夫坐而论道，还可以用中文翻译西方书籍。

据说他能够当众将临场指定的文章段落倒背如流，中国的士大夫无不称赞他的记忆力——竟能在短时间内记住他们多年才能记住的书籍，都想向他学习。于是他用中文写了《西国记法》来介绍记忆方法。

发展至今，全世界有很多人都在学习记忆宫殿，甚至一些记忆宫殿学习者成功组织了世界性的记忆比赛，我国也有很多选手参加该记忆比赛，有的选手获得了较好的成绩。

目前很多影视剧、电视节目中也有记忆术的情节，例如中国香港的电视剧《读心

神探》中有多集出现记忆宫殿的情节；英国的电视剧《神探夏洛克》中也有少量的记忆宫殿的情节；另外，一些电视节目也邀请了众多的记忆宫殿学习者参加节目录制。

可见，记忆宫殿已经被越来越多的人认可，因为它能有效提升记忆力。如果学生掌握了这项记忆术，那么对提升学习成绩有一定的帮助。

1.3 记忆宫殿的优点与缺点

记忆宫殿是古罗马记忆术，其使用一直延续至今。因为记忆宫殿，有了世界记忆锦标赛，有了中外电视剧中关于记忆宫殿的情节，有了电视节目《最强大脑》等，因而有了更多的记忆宫殿爱好者，笔者也是其中之一。我们都在学习记忆宫殿，训练记忆宫殿，升级记忆宫殿，优化记忆宫殿。之所以升级、优化记忆宫殿，是因为记忆宫殿也有不足之处，记忆宫殿不是 100% 完美的记忆术，我们需要正视记忆宫殿的缺点，合理使用记忆宫殿。

记忆宫殿就相当于线索，根据这个线索可以把所记的内容"拽"出来。有了这条线索，我们可以知道记了多少内容，不至于产生遗漏，或根据这条线索检验记忆是否牢固。对于杂乱无章的较多内容，使用记忆宫殿有明显的优势，再多再乱的内容，根据记忆宫殿设定的"线索"都可以"拽"出来，不用担心会遗漏内容。记忆宫殿中的每一个地点桩都是有顺序的，相应的地点桩上所记的内容也被赋予了顺序，对有顺序要求的内容具有极大的便利性，不会造成顺序错乱。

记忆宫殿是记忆的工具，需要经常训练，很多人毅力不足，无法坚持训练；记忆宫殿需要不断扩展记忆桩，使用过的记忆宫殿在短时间内是不能再使用的，这就需要新的记忆宫殿，而扩展记忆宫殿是一个长期的过程，需要慢慢积累，因此很多人认为与其花时间做这些，还不如直接死记硬背知识点。此外，使用记忆宫殿还需要丰富的联想能力，很多人就止步于联想力这一因素。同时，记忆宫殿不适用于记忆零散、简短的知识点，对于这些知识点只需使用联想记忆即可。

1.4 记忆宫殿原理

记忆宫殿最基础的原理是联想记忆和记忆桩，联想记忆可将记忆桩与要记忆的内容联系在一起，记忆桩则是回忆所记内容的线索。

联想记忆
可将记忆桩与要记忆的内容联系在一起

记忆宫殿原理

记忆桩
是回忆所记内容的线索

1. 联想记忆

联想记忆是一种简单的记忆方法，在生活中经常用到，但都是不经意间的，没有人在意，人们也不会想到这是一种记忆方法。

当我们看到或想到某个人时，肯定会想到彼此的交集，或是这个人曾经做过哪些事；当我们看到某一物品会想到另一个物品，如小孩看到钱，会想到去买零食。这就是联想记忆。

联想记忆的核心就在于能够抓住大脑的兴趣点，这样更有助于大脑接受。试想一下，每天通勤的过程平淡无奇，你根本记不住擦肩而过的那些面孔。然而，某天早上有人在地铁车厢内突然大声背诵《满江红》，你肯定会对他印象深刻。

联想记忆分为配对联想记忆和串联记忆，其本质是一样的，只是配对联想所记忆的是两个内容，而串联所记忆的是多个内容。换句话说，串联记忆是配对联想的加量版。

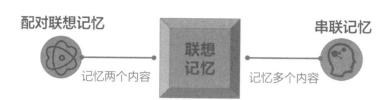

接下来看几个具体的例子。

配对联想举例 1

记忆内容：勺子、马桶

联想记忆 1：想象用勺子搅动马桶里的水。

说明：这里是按词语的顺序进行配对联想的，即由第一个词语联想到第二个词语。"搅动"是由第一个词语主动产生一个简单的动作，作用于后一个词语，这个动作一定要简单，且易联想。

联想记忆 2：想象在马桶里有一个勺子。

说明：这里是由第二个词语联想到第一个词语，适用于不讲究顺序的内容。

配对联想举例 2

记忆内容：大象、消防栓

联想记忆：想象大象撞倒消防栓，或大象用鼻子拔起消防栓。

说明：第一个词语主动产生一个简单的动作，作用于第二个词语。

串联记忆举例 1

记忆内容：喜羊羊、轮椅、水壶

联想记忆：喜羊羊推动轮椅，轮椅滑动起来，撞倒水壶。

说明：这里是按内容的顺序进行联想的，对于多个内容的最好按顺序串联记忆，这样既能记住内容，也能知道各个内容的顺序。其中"推动""撞倒"是由前一个词语主动产生的简单动作，作用于后一个词语，每一个动作都根据前一个词语的特性确定。

串联记忆举例 2

记忆内容：滑板车、暖水袋、灯笼、瓶子、压路机

联想记忆：滑板车压爆暖水袋，暖水袋飞出砸落灯笼，灯笼碰倒瓶子，瓶子滚出，被压路机碾碎。

说明：按内容的顺序进行联想，前一个内容关联下一个内容。

接下来进行一个强化练习，测试之前的学习效果。请根据第一个词语，写出后面的词语：

勺子、＿＿＿＿＿＿

大象、＿＿＿＿＿＿

喜羊羊、＿＿＿＿＿＿、＿＿＿＿＿＿

滑板车、＿＿＿＿＿＿、＿＿＿＿＿＿、＿＿＿＿＿＿、＿＿＿＿＿＿

大家可以自行写出 10 个名词，再用联想的方法来记忆，并记录时间。

名词 1：_____　　　　　　名词 6：_____

名词 2：_____　　　　　　名词 7：_____

名词 3：_____　　　　　　名词 8：_____

名词 4：_____　　　　　　名词 9：_____

名词 5：_____　　　　　　名词 10：_____

时间：_____

2. 记忆桩

接下来介绍记忆桩。记忆桩一共有几种类型，为了方便讲解原理，采用某一物品作为一个记忆桩来介绍，如椅子。

记忆桩联想记忆 1

记忆内容：灭火器、鞋子、自行车、足球、树

联想记忆 1：想象椅子倒下砸到灭火器，使得灭火器向外喷涌，喷飞鞋子，鞋子砸倒自行车，自行车戳破足球，足球漏着气飞到树上。

记忆桩

说明：这里是把"椅子"直接和后面的词语联想在一起，"椅子"也主动产生一个动作"倒下"。

记忆桩联想记忆 2

记忆内容：灭火器、鞋子、自行车、足球、树

联想记忆 2：想象灭火器坐在（放在）椅子上，并张口向外喷，喷
　　　　　飞鞋子，鞋子砸倒自行车，自行车戳破足球，足球漏
　　　　　着气飞到树上。

说明：这里是把灭火器拟人化，灭火器坐在椅子上，还张口向外喷，其中"喷
　　　飞"是灭火器产生的动作，作用于鞋子。

记忆桩

总结：使用记忆桩有两种形式：一种是记忆桩主动产生一个简单的动作；另一种
是将所记忆的第一个内容拟人化，或直接放置在记忆桩上。

接下来进行一个强化练习，测试一下之前的学习效果。请填写本记忆桩上所记忆
的词语：

椅子：_____、_____、_____、_____、_____

1.5 如何学习记忆宫殿

学习、训练记忆宫殿是一个循序渐进的过程，需要长期坚持训练。另外，还要不
断地尝试记忆不同的内容，不要因为初学时只记忆同一类型的内容而思维固定，多多
尝试，你会发现不一样的记忆宫殿。

首先训练出图能力，即在脑海中想象出具体的图像。看到某一物品后，闭眼，在
脑海中把这个物品的形象想象出来，越详细越好。如果想象的图像不完全，或某些细
节比较模糊，可以睁开眼看看该物品，然后闭眼想象，直到把该物品完全想象出来。

再进一步训练，随意指定某一物品，且眼前没有该物品，并在睁眼的情况下，在
脑海中想象出该物品。

更高阶段训练，在脑海中想象出物品图像的同时，还要把物品的颜色想象出来，或将该物品拟人化，创造性地赋予该物品动作，等等。颜色想象训练因人而异，如果想象力不丰富，可以暂时不训练颜色的想象。

在学习、训练记忆宫殿时，有时会发现记忆桩不够用，这就需要平常慢慢积累记忆桩，千万不要等到记忆桩不够用时再扩展记忆桩，以免造成对记忆桩的不熟悉，或记忆桩的适用度不高。记忆桩的积累是一个漫长的过程，因为要不断扩展记忆桩，所以在这个过程中要避免重复的记忆桩，有时经过简单的记忆测试后，会发现有的记忆桩不是很适合，这时就要及时更换记忆桩，然后再测试，直至找到适用的记忆桩之后就固化记忆桩，不再调整。

当一套记忆桩固化后，还要经常"跑一跑"和"记一记"。"跑一跑"就是在脑海中按记忆桩的顺序把各个记忆桩想象出来，"记一记"就是用这套记忆桩记忆一些简单的内容，如词语、数字等，以提高记忆桩的适用度。不管是什么类型的内容，拿来就能记忆。

当运用记忆宫殿记忆完一个内容后，还要进行回忆巩固，也就是复习。记忆宫殿是右脑的图像记忆方式，其记忆效率和持久度比机械记忆高，但不代表不会遗忘，还是要进行回忆复习的。

1.6 竞技记忆与应用记忆

竞技记忆是指将记忆宫殿应用于世界记忆锦标赛中，应用记忆是指将记忆宫殿应用于生活、学习、工作中。不管是哪一种，记忆宫殿的原理都是不变的，只是使用范畴不同。

在竞技记忆中，所有记忆项目都是有时间限制的，所以要求快速记忆，并且最终答案要准确，所以催生了提前编码，以提高记忆速度。为了使编码容易记忆、回想，编码也在不断更新迭代，这些都是在不断的训练中完成的，是慢慢积累的，更是需要时间的。竞技记忆的项目是固定的，编码也最终要固定，训练是不间断的，就像一台机器一样，被固定在场地中不断运转。相对来说，竞技记忆是不变的，其记忆原理、记忆策略、记忆思路也是不变的。

应用记忆的内容是多种多样的，完全不同于竞技记忆的固定项目。不同人有不同的记忆内容，不同学科有不同类型的知识点，不同专业有不同的记忆需求，这就需要在记忆术的基本原理不变的情况下，应对不同的记忆内容。针对不同的记忆内容要用不同的记忆策略、记忆思路，要适当地改变记忆形式以适应不同的记忆内容。相比竞技记忆，应用记忆更需要花时间探究。

初学记忆法，竞技记忆和应用记忆都可以学习与训练，两者是相辅相成的。竞技记忆中所运用的原理都适用于应用记忆，特别是竞技记忆中的词语记忆项目，具有很好的通用性。初期可以通过竞技记忆的训练，打下记忆宫殿的基础，然后延伸到应用记忆上。当然，单纯地训练应用记忆，不涉及竞技记忆也是可以的。大家可以自行选择想要训练的记忆项目或类型，运用记忆宫殿记忆任意的内容材料，不必受竞技记忆与应用记忆的束缚。将记忆法做到为我所用，才是最好的。

1.7 记忆术的误区

一些人对记忆术产生了一个误解，认为学会记忆术是改变他们的大脑结构，能使他们记忆任何内容都会过目不忘，这是一个误区。

我们每一个人都有忘记的时候，一个月前的今天你做了什么，说过什么话，好多都不记得了。很多东西并不需要每天都记住。但对于重要内容我们一定要记住，如知识点，这样才能保证我们取得好成绩。

为了记住重要内容，我们需要良好的记忆能力，以及简单有效的记忆方法，还要经常复习，这样才能做到不忘记，但绝对不是过目不忘的效果。过目不忘是一个认知偏误，"看一眼就记住了"，那是不可能的。当下很多学生或家长都陷入了急功近利的

误区，这是一种非常错误的认知，记住：罗马不是一天建成的，古罗马记忆术也不是万能的。

良好的记忆力需要不断地练习、复习，才能达到真正记住的状态，这才是我们所讲的"过目不忘"。

记忆术就像一个工具，使用这个工具能使我们学习、记忆更轻松，记忆术能提高记忆效率、准确度，但并不能改变我们的大脑结构。

记忆方法是工具，是学习技巧，能让我们的学习事半功倍。前提条件是，你必须学会这个方法，还要经常训练，达到熟能生巧的地步，才能运用到学习、生活、工作中的各个方面。

记忆比赛中的记忆项目是训练我们使用记忆宫殿的项目之一，能检验我们对记忆方法的掌握程度，如果要运用到学习、工作中还需一定的转换能力，但其基本原理是一样的，掌握好基本原理，万事都不难记忆。

记忆方法很简单，人人都能学会，不要因为学习成绩一般就觉得自己学不会记忆方法。学会记忆方法能改变死记硬背的模式，改变我们的记忆思维。

第 2 章
记忆宫殿的类型

———

记忆力是智力的拐杖，是智慧之母。——亚里士多德

记忆宫殿是一个统称，其是由一个个记忆桩组成的，而记忆桩有多种类型，如身体桩、数字桩、文字桩、地点桩等。

每个人都可以根据自己的需求，选择需要的记忆桩类型，也可学习与训练每一种类型的记忆桩。其中最常用的是数字桩、地点桩，身体桩则可用来临时记忆一些不需长久保存的内容，文字桩是将文字作为记忆桩，而文字会有重复，所以会造成记忆桩有重复，重复的记忆桩会对记忆造成一定的困扰，所以本书将不做讲解，数字桩和地点桩是重点讲解的内容。因数字桩和地点桩是我们自己创建的，所以我们可以人为地避开重复的记忆桩。

记忆桩的类型

训练记忆宫殿前，先要确立记忆桩，每组记忆桩的数量都要一样，且每组记忆桩都要确定好顺序，再将每组记忆桩熟记于心，需要记忆时才可随想随记。但是，所选记忆桩的外形不能相同，以免产生记忆混淆，所以在选取前一定要严格筛选，剔除已有的类型。记忆桩一经选定，不要轻易更改。经常性修改记忆桩会造成记忆混乱和偏差，这是初学者常见的错误。

初学者可以先借用他人整理好的记忆桩，前期先用他人的记忆桩来学习与训练，当自己有了一定的心得或经验后，再根据自己的想法选取记忆桩。他人整理、创建的记忆桩永远不是自己的，可以拿来借鉴与使用，只有自己整理、创建的记忆桩才是属于自己的，才是最适合自己的。

本章将按从易到难的顺序讲解记忆桩，即身体桩、数字桩、地点桩。不管哪一种类型的记忆桩，其记忆原理是一样的。当能熟练运用一种类型的记忆桩，即代表已入门记忆宫殿，剩下的就是不断训练以便真正精通记忆宫殿。

2.1 身体桩

身体桩，顾名思义，就是将身体的不同部位当作记忆桩，即将身体部位与所要记的内容进行配对联想记忆，这些身体部位就相当于用来记忆的载体，而我们的身体部位是我们所熟知的，因此学习起来会比较方便，所以先讲解身体桩，方便入门记忆宫殿。我们的身体部位有很多，这里从上到下列举 10 个身体部位，大家也可以根据自己的需求，自行整理、排列身体桩。

我们将身体部位（从上到下）作为身体桩。

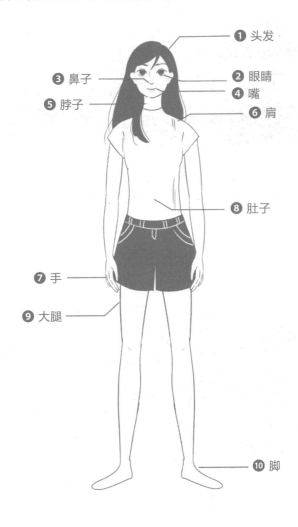

以上身体部位是按顺序排列的，大家可以按照这个顺序对应自己的身体部位记忆一遍，同时要记住每个部位所对应的序号。

记忆方法

（1）按照身体从上到下或从下到上的顺序，选取身体的不同部位。

（2）按顺序将要记的词语与身体部位联想记忆，一定要联想出画面，尽量是动态的。

（3）一个身体桩可以记忆一个或两个词语，初学者先记忆一个词语，熟练后可以记忆多个，这就相当于词语串联。

下面要使用身体桩记忆 10 个词语（见表 2-1）。

表 2-1　身体记忆桩训练表

勺子、蚊子、香烟、书、口红、杯子、砖头、青蛙、笔记本电脑、香蕉
第 1 个身体桩（头发）记忆"勺子" 联想记忆：想象用勺子把汤汁洒到头发上
第 2 个身体桩（眼睛）记忆"蚊子" 联想记忆：想象有一只蚊子飞到眼睛里，难受死了
第 3 个身体桩（鼻子）记忆"香烟" 联想记忆：想象香烟塞进鼻子里，都不能呼吸了
第 4 个身体桩（嘴）记忆"书" 联想记忆：想象用嘴巴吃书，读书不好的人才这样吃书呢
第 5 个身体桩（脖子）记忆"口红" 联想记忆：想象用口红涂在脖子上，这个人真另类

续表

勺子、蚊子、香烟、书、口红、杯子、砖头、青蛙、笔记本电脑、香蕉
第 6 个身体桩（肩）记忆"杯子" 联想记忆：想象肩上有一个杯子，要保持不动，不能让杯子掉下来
第 7 个身体桩（手）记忆"砖头" 联想记忆：想象手上拿着砖头砸东西
第 8 个身体桩（肚子）记忆"青蛙" 联想记忆：想象圆鼓鼓的肚子上有一只青蛙跳来跳去
第 9 个身体桩（大腿）记忆"笔记本电脑" 联想记忆：想象坐着时，大腿上放着一台笔记本电脑
第 10 个身体桩（脚）记忆"香蕉" 联想记忆：想象脚踩到香蕉，滑了一跤

全部联想记忆完毕，请闭眼，回想你的 10 个身体部位上记忆了哪些内容。请按顺序写出所记的 10 个词语：

1. _____ 2. _____ 3. _____ 4. _____ 5. _____

6. _____ 7. _____ 8. _____ 9. _____ 10. _____

请熟记每个身体桩所对应的序号，下面我们换个方式考查，请写出序号所对应的词语：

3. _____ 5. _____ 9. _____

10. _____ 7. _____ 2. _____

这里只是用身体桩记忆词语，也可以用身体桩记忆其他内容，如人名、地名、购物清单，或一些简短的知识点等。这里所记忆的内容只是用来举例，不必回忆复习，只要掌握其记忆方法即可。

身体桩成语联想游戏

根据人物图片填写身体各个部位，之后再写出一个与该部位有关的成语。例如"嘴"，想出一个带有"嘴"字的成语，"七嘴八舌""人多嘴杂"。注意，与身体部位相关即可，例如"脖子"，联想到的成语是"刎颈之交"，"颈"在这里就是脖子的意思。

答案并不唯一，联想到的成语越多，说明你的水平越高。

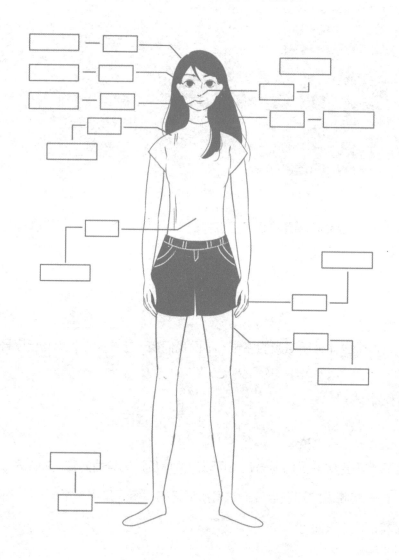

2.2 数字桩

　　数字桩，即将数字作为记忆桩，但不是直接使用数字，而是要将数字转换成具体的某一物品，再将这个物品作为记忆桩。这就需要大家提前将数字转换成具体的物品，可以根据数字的形象或谐音等方法将其转换成某一物品，也可以根据个人喜好或意识转换。

　　下面是笔者转换的数字桩，供大家参考，大家也可以在这套数字桩的基础上进行修改。修改完以后，经过记忆训练，只要方便联想、记忆，就把数字桩固定，轻易不要改动（见表 2-2）。

表 2-2　数字桩

数字	物品图像
0	蛋（形象）
1	棍子（形象）
2	鹅（形象）
3	山（谐音）
4	船帆（形象）
5	钩子（形象）
6	勺子（形象）
7	拐杖（形象）
8	葫芦（形象）
9	球拍（形象）

　　请记住以上数字桩，可闭眼在脑海中想象每个数字桩对应的图像。

请根据数字写出对应的物品图像：

数字桩 3 的物品图像是 _____

数字桩 7 的物品图像是 _____

数字桩 1 的物品图像是 _____

数字桩 0 的物品图像是 _____

数字桩 8 的物品图像是 _____

请根据物品图像写出对应的数字：

山对应的数字是 _____

勺子对应的数字是 _____

蛋对应的数字是 _____

葫芦对应的数字是 _____

球拍对应的数字是 _____

　　数字桩和身体桩一样，可以用来记忆内容，其记忆原理是一样的。下面我们使用数字桩记忆词语，每个数字桩记忆一个词语。

记忆方法

　　（1）制定数字桩，并熟悉数字桩，即每个数字所对应的物品。

　　（2）按顺序将数字桩与内容联想在一起，一定要在脑海中联想出画面，尽量是动态的，有画面才能记忆牢靠。

　　下面要使用数字桩记忆以下 10 个词语（见表 2-3）。

表 2-3　数字记忆桩训练表

项链、垃圾桶、汽车、被子、桌子、姚明、火山、镜子、沙子、牙膏
0 数字桩（蛋）记忆"项链" 联想记忆：想象把项链挂在蛋上，但怎么也挂不上

续表

项链、垃圾桶、汽车、被子、桌子、姚明、火山、镜子、沙子、牙膏
1 数字桩（棍子）记忆"垃圾桶" 联想记忆：想象用棍子杵破垃圾桶
2 数字桩（鹅）记忆"汽车" 联想记忆：想象一只鹅在开汽车或鹅用嘴啄破汽车轮胎
3 数字桩（山）记忆"被子" 联想记忆：想象山被一床巨大的被子盖住
4 数字桩（船帆）记忆"桌子" 联想记忆：想象把船帆布盖在桌子上
5 数字桩（钩子）记忆"姚明" 联想记忆：想象钩子勾住姚明，姚明跳不起来了
6 数字桩（勺子）记忆"火山" 联想记忆：想象用勺子舀火山熔岩
7 数字桩（拐杖）记忆"镜子" 联想记忆：想象挥动拐杖打碎镜子
8 数字桩（葫芦）记忆"沙子" 联想记忆：想象从葫芦里倒出沙子
9 数字桩（球拍）记忆"牙膏" 联想记忆：想象把牙膏抹在球拍上

全部联想记忆完毕，请闭眼，回想 10 个数字桩上有什么，并按顺序写出 10 个词语：

1. _____ 2. _____ 3. _____ 4. _____ 5. _____

6. _____ 7. _____ 8. _____ 9. _____ 10. _____

请熟记每个数字桩，下面我们换个方式考查，请写出相应的词语：

第 2 个词语是 _____

第 4 个词语是 _____

第 5 个词语是 _____

第 7 个词语是 _____

第 10 个词语是 _____

同样，数字桩可以用来记忆词语，也可以用来记忆其他内容，后面会慢慢讲解。这里所记忆的内容只是用来举例，不必回忆复习，只要掌握其记忆方法即可。

2.3 地点桩

记忆宫殿是由一个个房间或者室内外场所组成的，而这些房间里的物品、家具或某一位置就是用来记忆的载体，这些具体的物品、家具或某一位置就是地点桩，简单来说就是桩子。

初学者可以先从自己家开始建立记忆宫殿，因为自己的家是最熟悉的，先按自己家的布局选取需要的房间，如一进家门就是客厅，先选取客厅为记忆宫殿的第一个房间；然后去厨房吃点东西，就选厨房为记忆宫殿的第二个房间；吃完就回自己的卧室休息了，就选取自己的卧室为记忆宫殿的第三个房间；休息好去卫生间洗澡，就选卫生间为第四个房间；依此类推。房间的顺序要有一定的含义或意义，不要随机排列，大家可以根据自己的联想排列。

建立记忆宫殿

房间1 客厅 → 房间2 厨房 → 房间3 卧室 → 房间4 卫生间

记忆宫殿的房间选好后，就可以选取地点桩了，地点桩就是各个房间里的物品或位置，所选取的物品不要太小，太小不方便记忆；也不要太扁平，易造成联想不生动。地点桩的选取要按一定的顺序，上一个地点桩与下一个地点桩必须是相邻的，这样检索地点桩也是按顺序回忆的，否则大脑在想象时是不断跳跃的感觉，这不利于记忆。

　　大家可以先从自己的房间开始创建记忆宫殿，对于初学者来说，越熟悉的地方越容易快速掌握，也可以使用他人已创建好的记忆宫殿，先以学习、训练为主，当能熟练运用记忆宫殿后，再自行创建自己的记忆宫殿。为帮助初学者学习记忆宫殿，这里只列举 5 个地点桩。

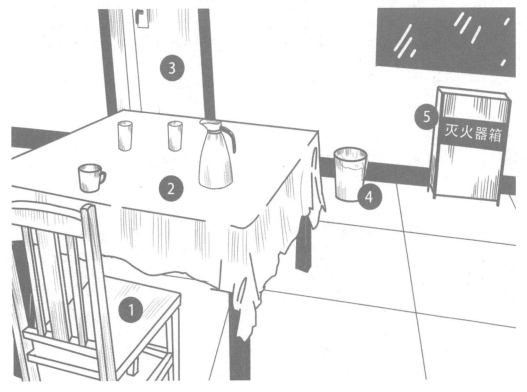

地点桩 1：椅子；地点桩 2：桌子；地点桩 3：门；地点桩 4：垃圾桶；地点桩 5：箱子。

　　用上面的地点桩记忆 5 个词语（见表 2-4）。

记忆方法

（1）在脑海中构建场景，描绘出每一个地点桩的形状和相对位置，按顺序一个个想一遍，就像自己身临其境一样。

（2）根据词语联想出图像。

（3）将地点桩与词语图像联想记忆。

表2-4　地点桩训练表

苹果、自行车、写字、身体、升起
第1个地点桩（椅子）记忆"苹果" 联想记忆：想象椅子上放着一个苹果或椅子倒下砸烂苹果 说明：第一种联想只是将苹果直接放置在椅子上，不是动态的，联想画面的动态感不强，不适合初学者。第二种联想中椅子产生倒下的动作，是动态的，对苹果造成了破坏性的结果，或改变了苹果的状态
第2个地点桩（桌子）记忆"自行车" 联想记忆：想象在桌子上放着一辆自行车或想象桌子塌了（可能是桌脚断了），压住了自行车 说明：同样，第一种联想不适合初学者。第二种联想中桌子产生压的动作，但是先预想桌子塌了才产生压的动作
第3个地点桩（门）记忆"写字" 联想记忆：想象自己在门上写了几个大字 说明：门并没有主动产生动作，而是把动作融进整体画面中，所联想的画面是动态的
第4个地点桩（垃圾桶）记忆"身体" 联想记忆：想象有一个人（或自己）的身体就挨着垃圾桶，都不觉得脏 说明：这里的地点桩没有主动产生动作，而是身体产生了动作，而所要联想的画面——一个人靠近垃圾桶，这也是一个动态的画面
第5个地点桩（箱子）记忆"升起" 联想记忆：想象从箱子里缓缓升起一面旗子 说明：这里的地点桩没有主动产生动作，而所联想的画面是动态的

续表

强化训练
请填写每个地点桩所记忆的词语：
第 1 个地点桩所记忆的词语：＿＿＿＿＿
第 2 个地点桩所记忆的词语：＿＿＿＿＿
第 3 个地点桩所记忆的词语：＿＿＿＿＿
第 4 个地点桩所记忆的词语：＿＿＿＿＿
第 5 个地点桩所记忆的词语：＿＿＿＿＿

同样，地点桩可以用来记忆词语，也可以用来记忆其他内容。大家可以从自己的房间找 10 个物品作为地点桩，并标记好顺序，然后试着记忆 10 个词语。这里所记忆的内容只是用来举例，不必回忆复习，只要掌握其记忆方法即可。

2.4　记忆载点

前面介绍了身体桩、数字桩、地点桩，用这些记忆桩可以联想记忆一个词语，如果所要记忆的内容很多，就需要很多记忆桩，而扩展记忆桩是一个系统又漫长的过程，所以笔者构想出记忆载点。

将每一个记忆桩划分为两部分，每一个部分都可以联想记忆内容，这两部分就是"承载"内容的地方，这样每个记忆桩的"记忆容量"就扩大两倍了，以此来提高记忆桩的记忆量，将这两部分称为记忆载点或记忆点。

划分记忆载点对记忆桩有一定要求，如前面所讲的身体桩就不适合，数字桩是根据一定要求来选取的，这就造成有的数字桩也不适合，而地点桩是最适合的，因为地点桩可以按照划分记忆载点的要求来选取。

初学者可以不用划分记忆载点，先以学习、训练记忆宫殿为主，当能完全掌握记忆宫殿后，再根据划分记忆载点的要求重新构建记忆宫殿。笔者之所以构想出记忆载点，是因为在使用记忆宫殿的过程中，发现需要记忆的内容太多，而记忆桩太少，扩展记忆桩是慢慢积累的过程，所以需要按照划分记忆载点的要求扩展记忆桩。当记忆宫殿构建完成，记忆容量就成倍增加了。

接下来进行具体练习（见表 2–5）。

表 2–5　记忆载点训练表

第 1 个地点桩（椅子）的记忆载点 记忆载点 A：椅子脚下面区域 记忆载点 B：椅子上坐人的椅面与靠背区域
第 2 个地点桩（桌子）的记忆载点 记忆载点 C：桌脚与桌子下方区域 记忆载点 D：桌面
第 3 个地点桩（门）的记忆载点 记忆载点 E：门框与墙区域 记忆载点 F：门与把手区域
第 4 个地点桩（垃圾桶）的记忆载点 记忆载点 G：垃圾桶外面与地面区域 记忆载点 H：垃圾桶里面
第 5 个地点桩（灭火器箱）的记忆载点 记忆载点 I：箱外与地面区域 记忆载点 J：箱子上面与墙区域

图中只有 5 个地点桩，但划分记忆载点后，就相当于有 10 个记忆桩。如果划分出 3 个记忆载点就有 15 个记忆桩，这样就能成倍地增加记忆桩，但不宜过多划分记忆载点，因为容易混淆记忆载点的顺序，而且所记忆的内容全部"拥挤"在一起，会在回忆时出现偏差，所以记忆载点不是越多越好。一般划分 2 个记忆载点即可，记忆桩较大、立体感较强的可以划分 3 个。

记忆载点的使用和记忆桩是一样的，都是通过联想记忆，不同的是记忆桩是一个具体的完整的物体，而记忆载点是这个记忆桩的某一局部位置，记忆时也是将联想的图像与该局部位置"绑定"在一起。

记忆载点案例 1

记忆内容：卷纸、铅笔、可乐、摇摇椅、风扇、抹布、充电线、
　　　　　手电筒、辣条、皮鞋

地点桩

第 1 个地点桩——椅子的记忆载点 A

联想记忆：想象把卷纸一圈一圈地缠绕在椅子脚上

第 1 个地点桩——椅子的记忆载点 B

联想记忆：想象把铅笔尖尖的笔头插在椅面上

记忆载点案例 2

记忆内容：卷纸、铅笔、可乐、摇摇椅、风扇、抹布、充电线、
　　　　　手电筒、辣条、皮鞋

地点桩

第 2 个地点桩——桌子的记忆载点 C

联想记忆：想象把可乐顺着桌脚倒下

第 2 个地点桩——桌子的记忆载点 D

联想记忆：想象把摇摇椅放到桌面上不停地摇

记忆载点案例 3

记忆内容：卷纸、铅笔、可乐、摇摇椅、风扇、抹布、充电线、
　　　　　手电筒、辣条、皮鞋

地点桩

第 3 个地点桩——门的记忆载点 E

联想记忆：想象把风扇放在门框旁边不停地对着门吹

第 3 个地点桩——门的记忆载点 F

联想记忆：想象用抹布擦门或把手

记忆载点案例 4

记忆内容：卷纸、铅笔、可乐、摇摇椅、风扇、抹布、充电线、

手电筒、辣条、皮鞋

地点桩

第 4 个地点桩——垃圾桶的记忆载点 G

联想记忆：想象用充电线缠绕住垃圾桶底部

第 4 个地点桩——垃圾桶的记忆载点 H

联想记忆：想象一个人用手电筒照着垃圾桶内部翻找东西

记忆载点案例 5

记忆内容：卷纸、铅笔、可乐、摇摇椅、风扇、抹布、充电线、

手电筒、辣条、皮鞋

地点桩

第 5 个地点桩——灭火器箱的记忆载点 I

联想记忆：想象把辣条藏在箱子底下

第 5 个地点桩——灭火器箱的记忆载点 J

联想记忆：想象把脏脏的皮鞋放在箱子上面

请回忆 5 个地点桩所记忆的词语，如果有忘记或记忆模糊的，可以再看一遍。请

填写 5 个地点桩所记的词语：

第 1 个地点桩所记的词语：_____、_____

第 2 个地点桩所记的词语：_____、_____

第 3 个地点桩所记的词语：_____、_____

第 4 个地点桩所记的词语：_____、_____

第 5 个地点桩所记的词语：_____、_____

请大家将已找好的 10 个地点桩分别划分出两个记忆载点，然后试着对应记忆载点分别记忆一个词语。

第 3 章
记忆宫殿的基础方法

记忆乃智慧之母。——埃斯库罗斯

3.1 图像联想

前面已讲过联想记忆，但所记忆的内容只是简单的词语，而我们要记忆的内容是多种多样的。不同的学科、不同的专业、不同的阶段，所要记忆的内容都是不同的，有的是文字性的内容，有的是数字性的内容，有的是图表性的内容，有的是纯图像的内容。不管什么样的内容，只要稍加处理，都适合使用联想记忆。

比起大段的文字性内容，图像是我们更喜欢见到的。图像能更直观地映入眼帘，能被大脑轻松记住，图像联想也更容易，不必经过复杂的处理，可直接联想记忆。

图像分为形象图和抽象图，形象图是某个物品的图形，无须额外处理，可直接联想记忆，与前面所讲的词语联想记忆的原理一样；而抽象图需要转换处理，可观察抽象图的整体或局部像什么物品，再进行联想记忆。

首先介绍几个形象图联想的案例。

形象图联想记忆举例 1

联想记忆：想象一个正在跑步的人用脚踢飞苹果，苹果重重落在奖杯里，奖杯顺势倒下。

形象图联想记忆举例 2

联想记忆：想象听诊器缠绕在杯子的杯把上，不小心带翻杯子，杯子里的热水

洒在电脑上，电脑被弄坏了，我很不高兴地摆了个表情。

形象图联想记忆举例 3

联想记忆：想象一只螃蟹夹断了树，树倒下砸到一颗巨大的球，球滚向坐轮椅

的人，坐轮椅的人吓得拼命跑，一直冲进火箭里，坐火箭飞了。

请回忆第 1 组形象图，并在图片下方标出其对应的顺序：

—————　　　—————　　　—————

请回忆第 2 组形象图，并在图片下方标出其对应的顺序：

___ ___ ___ ___

请回忆第 3 组形象图，并在图片下方标出其对应的顺序：

___ ___ ___ ___ ___

我们总共记忆了 3 组形象图，请在下列形象图中找出第 1 组形象图，并标记其顺序：

接下来介绍抽象图联想记忆的案例。

抽象图联想记忆举例 1（整体）

转换处理：第 1 张像一只有两脚的、身上毛蓬松的动物，我的第一印象是羊，

第 2 张像一个勺子，第 3 张像被剁下来的鱼尾。

联想记忆：想象一只羊用勺子吃鱼尾。

注意：抽象图要先转换处理，简单来说就是看抽象图像什么。

抽象图联想记忆举例 2（花纹）

转换处理：第 1 张图的花纹像纱布或蚊帐，第 2 张图的花纹像轮胎的印记，第

3 张图的白色区域像光线，如 X 光片。

联想记忆：用纱布擦地上的轮胎印，然后把轮胎印拿去拍 X 光片。

请回忆第 1 组抽象图，并在图片下方标出其对应的顺序：

—　　　　　　　　—　　　　　　　　—

请回忆第 2 组抽象图，并在图片下方标出其对应的顺序：

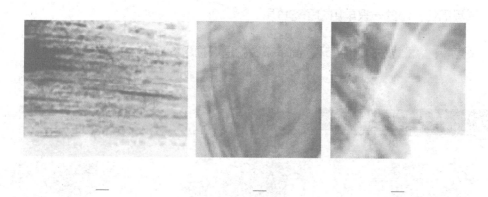

—　　　　　　　　—　　　　　　　　—

3.2　谐音转换

当我们用记忆宫殿记忆文字性的内容时，有的文字是描述性的或具体名词，是可以在脑海中直接想象出图像的；而有的文字内容是抽象的，无法直接联想成图像，这就需要提前转换成可在脑海中想象的图像，最后才可用记忆宫殿来记忆。

前面所讲的记忆的词语都是具体名词，如勺子、马桶等，在生活中都有对应的具体物品，所以我们在脑海中直接想象图像即可。另外，还有描述性的语句，直接根据描述想象出图像，这就相当于在脑海中"还原"作者看到的场景。

接下来举几个例子。

举例 1

鸭先生的小屋前有一条长长的小路。小路上铺着花花绿绿的
鹅卵石，路旁开着五颜六色的鲜花。(缪启明《美丽的小路》)

所描述场景：鸭先生的小屋，小路上铺着鹅卵石，路旁有鲜花。

直接根据原文想象出场景。

举例 2

葡萄美酒夜光杯，欲饮琵琶马上催。(王翰《凉州词》)

所描述场景：酒宴上葡萄美酒盛满夜光杯，歌伎弹奏琵琶
助兴催饮。

直接解释并根据原意想象出场景。

举例 3

起先，这小家伙只在笼子四周活动，随后就在屋里飞来飞去，
一会儿落在柜顶上，一会儿神气十足地站在书架上，啄着书背上那
些大文豪的名字，一会儿把灯绳撞得来回摇动，跟着逃到画框上去
了。只要大鸟儿在笼里生气地叫一声，它立即飞回笼里去。(冯骥才《珍珠鸟》)

所描述场景：小鸟先在笼子四周活动，然后在屋里飞来飞去，又撞到灯绳，
大鸟叫一声，它就飞回笼子里了。

直接根据原文想象出场景。

对于抽象性的文字，我们需要提前转换成图像，每个人的理解能力不一样，所转换的图像也不一样。文字转换最常用的方式有谐音、拆解、增减字等，其中谐音转换是用得最多的。

谐音转换就是利用文字发音的相似特点，将某个文字转换成另外一个与其发音相似的且易想象出图像的文字。在生活中我们经常会用到谐音。

下面举几个具体的案例。

歇后语谐音举例

外甥打灯笼——照旧

谐音说明：照旧与找舅谐音

宋江的军师——无用

谐音说明：无与吴谐音（军师的名字叫吴用）

孔夫子搬家——净是输

谐音说明：输与书谐音

数字谐音举例

3.14159（圆周率）

谐音成：山巅一寺一壶酒

谐音说明：

　　3 与山谐音

　　. 与巅谐音

　　4 与寺谐音

　　5 与壶谐音

　　9 与酒谐音

1329037

谐音成：要三两酒拎上去

谐音说明：

　　1 与要谐音

　　9 与酒谐音

　　0 与拎谐音

　　3 与上谐音

　　7 与去谐音

词语谐音举例

离子

谐音成：梨子

谐音说明：离与梨谐音

留洋

谐音成：牛羊

谐音说明：留与牛谐音，洋与羊谐音

什么

谐音成：神马

谐音说明：什与神谐音，么与马谐音

压力

谐音成：鸭梨

谐音说明：压与鸭谐音，力与梨谐音

常识谐音举例

秦灭六国的顺序：韩、赵、魏、楚、燕、齐

谐音成：喊赵伟除烟气

谐音说明：

韩与喊谐音

魏与伟谐音

楚与除谐音

燕与烟谐音

齐与气谐音

公元 618 唐朝建立

谐音成：留一把糖

谐音说明

6 与留谐音

8 与把谐音

唐与糖谐音

五等爵位：公、侯、伯、子、男

谐音成：公猴脖子（是）蓝（色的）

谐音说明：

侯与猴谐音

伯与脖谐音

男与蓝谐音

当进行谐音转换时，一定注意要转换成便于联想出图像的内容，这样才适合使用记忆桩。下面将百家姓进行谐音转换，并用0～9数字桩记忆（见表3-1）。

表3-1　数字记忆桩训练表

百家姓
赵钱孙李，周吴郑王。
冯陈褚卫，蒋沈韩杨。
朱秦尤许，何吕施张。
孔曹严华，金魏陶姜。
戚谢邹喻，柏水窦章。

用数字桩0（蛋）记忆"赵钱孙李"
谐音转换："赵钱孙李"谐音成"找钱孙犁"
联想记忆：蛋卖完后找钱给孙犁

用数字桩1（棍子）记忆"周吴郑王"
谐音转换："周吴郑王"谐音成"周五阵亡"
联想记忆：棍子在周五阵亡了

用数字桩2（鹅）记忆"冯陈褚卫"
谐音转换："冯陈褚卫"谐音成"粉尘除味"
联想记忆：鹅用粉尘除味

用数字桩3（山）记忆"蒋沈韩杨"
谐音转换："蒋沈韩杨"谐音成"降生含氧"
联想记忆：山中降生含氧的生物

用数字桩4（船帆）记忆"朱秦尤许"
谐音转换："朱秦尤许"谐音成"猪亲鱿须"
联想记忆：船帆上的猪亲了鱿（鱼）须

用数字桩5（钩子）记忆"何吕施张"
谐音转换："何吕施张"谐音成"河里师长"
联想记忆：钩子勾住河里的师长

用数字桩6（勺子）记忆"孔曹严华"
谐音转换："孔曹严华"谐音成"孔槽盐花"
联想记忆：勺子上的孔槽里有盐花

续表

用数字桩 7（拐杖）记忆"金魏陶姜" 谐音转换："金魏陶姜"谐音成"警卫掏姜" 联想记忆：用拐杖打警卫，使其掏姜
用数字桩 8（葫芦）记忆"戚谢邹喻" 谐音转换："戚谢邹喻"谐音成"器械揍玉" 联想记忆：葫芦套在器械上揍玉
用数字桩 9（球拍）记忆"柏水窦章" 谐音转换："柏水窦章"谐音成"摆水逗章" 联想记忆：在球拍上摆水去逗章鱼

已用数字桩0~9记忆完百家姓的前40个姓，大家可以试着按0~9的顺序或按9~0的倒序回忆这 40 个百家姓。

请写出每个数字桩所记忆的百家姓：

数字桩 0 所记忆的百家姓有：_____

数字桩 1 所记忆的百家姓有：_____

数字桩 2 所记忆的百家姓有：_____

数字桩 3 所记忆的百家姓有：_____

数字桩 4 所记忆的百家姓有：_____

数字桩 5 所记忆的百家姓有：_____

数字桩 6 所记忆的百家姓有：_____

数字桩 7 所记忆的百家姓有：_____

数字桩 8 所记忆的百家姓有：_____

数字桩 9 所记忆的百家姓有：_____

3.3 代替出图

除了谐音转换的、描述性的和在现实中有相对应的具体物品（图像）的文字，还有很多无法联想出图像的文字。对于这些文字，我们需要采用其他方法处理，代替文字联想出图像，但也需遵循一定的规则，使其联想出的图像更具合理性，也使其便于联想。

代替文字联想出图的方法有关联出图、拆解字词、颠倒字词、增减字词等，这些方法可以单一使用，也可配合谐音一起使用，也可几个方法综合使用，只有经过一定的训练才能熟练运用。另外，也可以根据自己的理解对文字进行代替出图，每个人的理解不一样，所联想出的图像也不一样。

代替出图，所联想的图像尽量遵循以下原则：

（1）图像尽量是动态的，或是可以产生动作的。

（2）图像尽量是有趣的或离奇的。

（3）图像可以是不常见的。

（4）可以配合产生声音、颜色等。

关联出图是联想出与文字有一定关联的图像，这个关联性可强可弱，当然关联性强是最好的，尽量联想出第一感觉的关联图像。关联的图像不要经过太多的修饰，越简单越好，便于联想即可。

拆解字词是将字词拆解成几小部分再联想出图，拆解的部分单独联想，然后再组合在一起，所组合的图像要有一定的合理性、整体性，便于将所组合的图像完整地联想出来，不会出现遗漏，以免出现记忆偏差。

关联出图与拆解字词举例如下。

关联出图举例

举例 1：

守卫

代替出图：可联想成守门员守卫球门

或

军人守卫国门

举例 2：

劳动

代替出图：工人劳动的景象（工人在拧螺丝等）

或

劳动的工具（扳手、锄头等）

举例 3：

可爱

代替出图：可爱的动物（熊猫等）

拆解字词举例

举例 1：

抽象

拆解：抽 + 象

"抽"联想成抽取

"象"联想成象棋

组合联想：抽取象棋

举例 2：

举例

拆解：举 + 例

"举"联想成举起

"例"谐音联想成栗子

组合联想：举起栗子

　　颠倒字词是将字词中前后文字颠倒顺序重新组成一个新词，再进行联想出图。不是所有字词都可以颠倒联想，所以这个方法不常用。

举例如下。

颠倒字词举例

举例1:

代表

颠倒:表-代

"代"谐音联想成带。颠倒联想:表带

举例2:

王国

颠倒:国-王

颠倒联想:想象成戴着王冠、拿着权杖的国王

举例3:

金黄

颠倒:黄-金

颠倒联想:想象成黄金制品,或金砖

增减字词是给字词增加或减少一两个字,再根据增减后的字词进行联想出图。可在原字词的前或后或中间增减字词,但不宜增减过多,否则会增加联想负担或联想的不达意。

举例如下。

增减字词举例

举例1:

开心

增字:开心果

增减联想:开心果

举例2:

闭门羹

减字:闭门

增减联想:想象把门关闭

3.4 提前编码

在记忆宫殿中所说的编码就是提前将可能要记忆的内容转换成图像，以方便记忆时能快速联想出图像。前面所讲的0~9数字桩就是提前编码，除此之外，字词、字母也可以提前编码，特别是抽象词、专业术语等不易联想的要进行提前编码。另外，编码固定后，一个内容对应一个编码的图像，一个编码的图像对应一个内容，这样在联想时不会出错或想不出对应的内容，以提高记忆的准确率。

提前编码尽量遵循以下原则：

（1）图像应该是具体的独立的实物形象。

（2）图像确定后应该固定不变，在记忆中发现图像不适合，可以修改，但不可频繁修改。

（3）图像不可重复，图像外形不可相同。

（4）图像尽量是动态的，或是可以产生动作的。

当需要记忆大量数字，或记忆圆周率100位时，如果是用机械记忆，很难一字不差地记住。这就需要给数字提前编码，也就是将数字图像化，即数字编码；再运用联想记忆的方法，将数字编码的图像串联起来，或用记忆宫殿来记忆，这样就能准确地记忆大量数字，在记忆比赛中，各个选手就是用这样的方法记忆几千个数字的。

我们前面讲过的数字桩，其本身也是数字编码，但每一个数字对应一个编码图像，在联想时图像会显得很多。为了减轻联想记忆的负担，可以将每两位数字进行编码，如23提前编码出一个图像，这样记忆负担就减轻了一半。0~9数字桩只有10个数字，对应着10个编码图像，我们可以很轻松地记住，但要是两位数的数字编码，也就是从00~99，总共有100个编码，就需要我们用一定时间提前记住这100个编码，但记忆效率会极大提高，建议使用两位数的数字编码。

在字词中，有很多抽象词、专业术语等，这些都是很难联想出图像的，所以需要将一些常见的或需用到的字词提前编码。因抽象词、专业术语太多，不可能在短期将其全部编码，也不可能做到全部编码化，所以我们需要慢慢积累，不求速度，只求编码合理化，记忆高效且准确。同时，积累的过程也是不断训练的过程，编码能力也会不断提高，当给抽象词进行编码时能信手拈来，说明大部分字词都能进行高效的联想了，联想记忆能力也越来越强，这样可以暂停抽象词的编码，转而可以随时用任意的抽象词来检验联想出图的能力。

有的人可能会需要记忆其他内容，如打乱的扑克牌、麻将等，这些也可以进行编码。对扑克牌和麻将进行编码有两种形式，一种是从头开始一个一个地编码，还有一种是从 00~99 数字编码中选取，这里笔者推荐第二种。因为数字编码已是一套完整、成熟的编码图像，而从中选取可以省去再次进行编码和熟悉编码的过程。一副扑克牌有 54 张牌，只需从 100 个两位数编码中选取 54 个编码即可，但最好按一定的顺序来选取。例如黑桃 1 到黑桃 9，相应地从数字编码 11 到数字编码 19 中依次选取；红桃 1 到红桃 9 就从数字编码 21 到数字编码 29 中依次选取，这样依次相对应地选取，使初期能快速熟悉每张扑克牌的编码图像。同样，麻将也是这样依次选取编码，但麻将有 100 多张牌，超出的部分就要自定义编码。

对内容进行编码只是为了提高联想出图和记忆的效率，不要盲目地将所有内容都进行编码，这样反而会成为负担。当内容是固定的、有限的，且需要长期记忆的，可以对其进行编码，以提高记忆效率和准确性，这样才能发挥提前编码的作用。对于记忆比赛的项目，基本都可以提前编码，以提高比赛的记忆效率和准确性。

3.5 关键信息提取

在使用记忆宫殿背诵较多文字的内容时，并不是逐字记忆的，而是提取每句中的关键信息等主要内容进行记忆，再根据关键信息回想出前后文字。

关键信息就是能概括性地表达句子中心意思的字词，也可称为关键字词，如句子中的主语、谓语、宾语等，也可是可联想的整体信息。提取出关键信息后，将关键信息联想出图像，再运用记忆法来记忆。

提取关键信息的具体选择方法：

（1）准确表达原文的意思，如主谓宾、整体信息。

（2）帮助回忆出句子的首尾字词。

（3）词组或文字本身比较有形象特征。

（4）归纳并省去不重要的相同部分。

（5）取重要的相同部分。

接下来看几个具体的案例。

整体信息联想记忆举例

是谁向我这边跑来了？

关键信息提取：有人向我跑来

联想记忆：想象画面中有人向我跑来，但我不知道是谁

主谓宾联想记忆举例

公司购买一台机器放置在厂房里。

关键信息提取：机器、放置、厂房

联想记忆：想象一台机器静静地放置在厂房中

首尾字词联想记忆举例

后巷很热闹，汽车不停地驶入。

关键信息提取：后巷、汽车

联想记忆：直接想象后巷有汽车

形象特征联想记忆举例

这朵花真好看啊!

关键信息提取：花

联想记忆：直接想象出好看的花

下面讲解诗词和文章的关键信息提取，并将关键信息联想记忆。对于比较简单的句子，只要提取一个关键信息即可；对于稍显复杂的句子，可提取一两个关键信息，还可增加提取关键的修饰性词语等。关键信息要便于联想，同时要便于回忆出句子的其他文字信息。

接下来进行举例练习（见表 3-2～表 3-4）。

表 3-2　提取诗词关键信息举例 1

小池
［宋］杨万里 泉眼无声惜细流，树阴照水爱晴柔。 小荷才露尖尖角，早有蜻蜓立上头。
第 1 句"泉眼无声惜细流" 说明：提取"泉眼"，后面的文字是描述泉眼的
第 2 句"树阴照水爱晴柔" 说明：提取"树阴"，后面的文字是描述树阴的

续表

第 3 句 "小荷才露尖尖角" 说明：提取 "小荷的尖尖角"，因为尖尖角是小荷叶上的，所以提取小荷的尖尖角，以方便联想图像
第 4 句 "早有蜻蜓立上头" 说明：提取 "蜻蜓"，其他的文字是描述蜻蜓的
联想记忆：小荷叶被泉眼旁一棵树的树荫笼罩着，尖角上有一只蜻蜓

表 3-3　提取诗词关键信息举例 2

寻隐者不遇 〔唐〕贾岛 松下问童子，言师采药去。 只在此山中，云深不知处。
第 1 句 "松下问童子" 说明：提取 "松下"，因为主要事情是发生在松树下的
第 2 句 "言师采药去" 说明：提取 "采药"，采药是人物所做的事
第 3 句 "只在此山中" 说明：提取 "山中"，人物在山中
第 4 句 "云深不知处" 说明：提取 "云深"，突出显示云雾很深
联想记忆：想象在松树下采药，然后走进山中，看到山中云雾很深

表 3-4　提取诗词关键信息举例 3

《珍珠鸟》选段 冯骥才 　　我把它挂在窗前。那儿还有一大盆异常茂盛的法国吊兰。我便用吊兰长长的、串生着小绿叶的垂蔓蒙盖在鸟笼上，它们就像躲进深幽的丛林一样安全；从中传出的笛儿般又细又亮的叫声，也就格外轻松自在了。
第 1 句 "我把它挂在窗前" 说明：提取 "窗前"

续表

第 2 句"那儿还有一大盆异常茂盛的法国吊兰" 说明：提取"茂盛的吊兰"
第 3 句"我便用吊兰长长的、串生着小绿叶的垂蔓蒙盖在鸟笼上" 说明：提取"垂蔓""鸟笼"
第 4 句"它们就像躲进深幽的丛林一样安全" 说明：提取"深幽的丛林"
第 5 句"从中传出的笛儿般又细又亮的叫声" 说明：提取"笛儿""叫声"
第 6 句"也就格外轻松自在了" 说明：提取"轻松自在"，轻松自在联想为一人卸掉背在身上的包袱，顿感轻松自在
联想记忆：窗前有一茂盛的吊兰，吊兰的垂蔓蒙盖在鸟笼上，一直延伸到深处的丛林，丛林很幽静，突然传来像笛儿一样的叫声，吓得丛林里的一人卸掉背在身上的包袱

第 4 章
记忆宫殿的使用步骤

你的大脑就像一个沉睡的巨人。——托尼·博赞

4.1 备好宫殿

在记忆前，我们需要创建好自己的记忆宫殿，记忆宫殿的类型可以按自己的需求选择。如果是记忆较多内容或记忆比赛中的项目，最好创建地点桩类型的记忆宫殿。

地点桩也便于查找、创建，只要细心观察，就能发现生活中处处都有地点桩。我们可以不定期去主动发现我们身边的地点桩，收集、整理这些地点桩，一步步地创建自己的记忆宫殿。

当地点桩选取、创建好后，要经常在脑海中回想这些地点桩。回想时，先回想整个房间的大致布局，然后从第一个地点桩开始，按顺序一个个地点桩回想。每个地点桩要抓住一两处细节着重回想，而且要准确回想出每个地点桩之间的方位，就像自己走到每个地点桩面前一样，要形成身处这个房间时才有的空间感。

创建记忆宫殿时最好进行适当的分组，每几个房间为一组，每组中的房间数也要尽量一致。每个房间里都有相同数量的地点桩，且每个地点桩都有固定的小序号。每组中都有相同数量的房间，且每个房间也都有固定的大序号，相当于所有的地点桩都有一个固定的序号，这样方便按指定的序号查找地点桩，也方便计数。

当有多个房间的地点桩时，一定要将多个房间的地点桩全部用来同时训练，这样可以检验从一个房间到下一个房间的切换速度，以及切换到下一个房间后回想出第一个地点桩的速度。如果不经常训练切换房间，容易造成切换不出下一个房间，或切换到下一房间后却回想不出地点桩。

初期创建记忆宫殿，不是越多越好，而是创建一组后要及时用来训练，如记忆词语、数字等，要做到及时熟悉记忆宫殿中的每一个地点桩。熟悉地点桩不是简单知道有哪些地点桩，也不是简单知道各个地点桩的顺序或相对位置，而是要熟悉并掌握在脑海中想象出每一个地点桩时的角度、范围等，和其用来记忆内容的最合适的方位点，这是一种感觉，一种只有经常训练、亲身经历才有的感觉。

当一组记忆宫殿不经常使用时，除了回想记忆宫殿中的地点桩，还可以偶尔用一些简单的内容来记一记，如名词、数字等。这样做的目的是让我们保持熟悉这些地点桩的记忆感觉，这种感觉无法言语，简单来说就是能熟练运用这些地点桩，不管何时何地，都能用这些地点桩快速地记忆，不至于生疏。

下面是选取地点桩的一般要求。

（1）先从自己生活中熟悉的地方开始，如自己家里、亲戚朋友家里、学校、公园、卖场等室内外都可以。

（2）选取的地点桩一定不能一样，至少外形要不一样，如桌子，在某房间里有一个圆桌子为地点桩，在本房间里或其他的房间里有一个方桌子为地点桩，这样也是可以的，虽同为桌子，但它们外形不一样。

（3）地点桩大小要适中，不能过大，也不能太小。地点桩大小不要超过房间体积的十分之一，但这样的物品在房间里也不多见，有时会选取室外的地点桩，不要把一幢房子作为地点桩，因为它太大了，地点桩可以是房子的某个角落，也可以是房子上的某个构件；最好不要小于一本书，太小不方便产生强烈的图像感。

（4）同一房间内相邻的地点桩之间的距离不要相隔太远，最好每两个地点桩之间的距离差不多，这样在脑海中回想会比较顺畅、连续。

（5）在一个房间里选取地点桩时，不要沿一条直线选取，可以按顺时针或逆时针的大致方向来找，或形成一个有前后、高低的曲线，这样可以营造空间感。

（6）所有房间的第一个地点桩要在同一个方位，如第一个房间里的第一个地点桩是在最左边，那么后面房间里的第一个地点桩也要从最左边开始，这样在脑海中跳转房间时不会多耗费脑力去回忆，直接锁定房间的最左边就行。

（7）每个房间里的地点桩的数量要一样，这样方便计数。一般是每个房间有 10 个地点桩，也可以根据需要设置，如有的人为了方便训练世界记忆锦标赛中的扑克牌项目，特意设置部分房间里有 13 或 26 个地点桩，这些房间就是扑克牌记忆项目的专用的房间。

4.2 图像转换

运用记忆宫殿，最关键的是联想出图像。我们所记忆的内容不可能都是图像形式的，我们必须先将内容转换成具体的图像，才可运用记忆宫殿。不管是具体名词、抽象词还是专业术语，都需要转换成图像并在脑海中想象出来。

对于具体名词，因其本身在我们生活中有所对应的事物，并不需要转换处理，直接对照生活中熟悉的事物想象即可，所以具体名词很容易在脑海中联想出图像。

具体名词的图像直接来源于生活，但在脑海中想象图像时还需经过一定的处理，因为生活中的某些事物太大、太复杂，或太过于杂乱，而把这些事物直接还原于脑海中，会造成联想时间过长，也有可能导致"联想动力"不足，以致在脑海中联想的画面模糊或不具体，等等，给记忆造成困扰或不确定性。

对于这些事物，可以在想象时自动将其缩小，在脑海中想象的事物可大可小，不必按照生活中真实的大小来联想，就像在脑海中联想出一个玩具，但外形一定要准确。另外，还需突出联想一两个特点或细节，以加深记忆，以便能准确地回忆出来。

抽象词或专业术语等词语联想成图像就需要下一番功夫了，前面已介绍过代替出图，其也是抽象词转换为图像的一种方法。转换成图像不一定要按字面意义转换，不一定只转换成一个图像，可以是两三个图像的组合，具体要根据抽象词来决定。但所转换成的图像一定要能准确回忆出抽象词本身，如无法回忆出抽象词本身，那只能用一个最"笨"的方法：逐字转换。即把抽象词的每一个字都转换成一个图像，再把这些图像组合在一起，这个方法比较消耗时间，轻易不要使用。

因为每个人的联想能力不一样，有的内容对于一些人来说是能转换成图像的，但对于联想能力差的人可能就是处于始终转换不出图像的状态。对于这样的情况，可以采取临时转换的方法。所谓临时转换，就是当无法转换成图像时，可以随意用一个图像来联想，但这个图像不能在前面的联想中出现过，只是临时用这个图像来充当某内容的图像。

不管是具体名词、抽象词，还是其他内容，转换成图像时需遵循一定的规则。

（1）转换的图像不易过大或过小。

（2）转换的图像可在脑海中联想时放大或缩小。

（3）转换的图像要联想出具体的外形。

（4）要着重联想出一两个细节。

（5）转换的图像要对应生活中真实存在的事物。

（6）转换的图像不能是不容易想象出形状的，如风、气、云等。

4.3 定桩记忆

定桩记忆就是将所要记忆的内容的联想图像"放到"地点桩上，与之产生联系。

当所要记忆的内容在脑海中转换成图像后，将该图像放置在脑海中，然后在脑海中切换至房间内，将脑海中的"视角"对准所需的地点桩，并慢慢拉近视角，尽可能地将该地点桩完全显示在脑海中，再将一旁的所要记忆的内容图像"移动"到该地点桩旁，利用联想将内容图像与地点桩产生联想，且一定要做到在脑海中想象内容图像与地点桩发生"接触"或"触碰"的感觉。

如果内容图像和地点桩没有接触，即内容图像离地点桩有一定距离，或内容图像直接"悬浮"在地点桩上面，这样的"虚假"联想在回忆过程中，容易造成回忆不出所联想的内容图像，也就是在脑海中回忆起地点桩了，但该地点桩上什么都没有。所以，地点桩一定要与内容图像发生接触式的联想，然后再切换到下一个内容的图像。

定桩记忆前，要将每个房间、每个地点桩都回想一遍。另外，如果只是平常记忆，则可以先将内容转换成图像，再与地点桩联想记忆；如果是记忆比赛项目，则不可能提前将内容转换成图像，只能在看到内容后再转换，然后与地点桩联想记忆。

接下来讲解接触式联想的具体案例。

根据上图完成具体练习（见表 4-1）。

表 4-1　接触式联想记忆训练表

乒乓球拍、轮胎、刷子、抽纸、手电筒、喷雾剂、自行车
第 1 个地点桩（椅子）记忆"乒乓球拍"   联想记忆 1：想象乒乓球拍直接放置在椅子上   说明 1：直接放置是最简单的静态接触   联想记忆 2：乒乓球拍被不断挥动并拍打椅面   说明 2：乒乓球拍不断拍打椅面，这是动作式的接触，建议联想时使用这种发生动作的接触
第 2 个地点桩（桌子）记忆"轮胎"   联想记忆 1：想象轮胎放在桌子上   说明 1：放在桌子上是静态的接触   联想记忆 2：想象轮胎滚过来并撞倒桌子，或一直滚到桌子上   说明 2：撞倒桌子或滚到桌子上，是动作式的接触，建议联想时使用这种发生动作的接触

续表

第 3 个地点桩（门）记忆"刷子" 联想记忆 1：用刷子刷门 说明 1：刷门是动作式的接触 联想记忆 2：门突然关闭并夹住刷子，把刷子上的毛夹掉了 说明 2：夹住是动作式的接触
第 4 个地点桩（垃圾桶）的记忆载点 G、H 分别记忆"抽纸""手电筒" 记忆载点 G 联想记忆：想象把抽纸抽出来擦垃圾桶和地面 说明：擦是动作式的接触 记忆载点 H 联想记忆：想象一个人用手电筒照着垃圾桶，在里面翻找东西 说明：这是间接的动作式的接触，即手电筒不主动接触垃圾桶，是通过第三方事物接触垃圾桶，并伴有动作发生
第 5 个地点桩（灭火器箱）的记忆载点 I、J 分别记忆"喷雾剂""自行车" 记忆载点 I 联想记忆：想象有人把喷雾剂喷到箱子底部 说明：喷雾剂本身没有接触箱子，而是通过喷出的雾接触箱子 记忆载点 J 联想记忆 1：自行车的前轮直接落在箱子的上面 说明 1：这是静态的接触 联想记忆 2：想象有人在箱子上面来回骑一辆玩具自行车 说明 2：这是动作式的接触，并且在想象中把自行车缩小了

4.4 回忆巩固

　　无论记忆什么内容，无论采用何种方法，都需要不断回忆复习，以加深记忆。右脑图像式记忆相对更加深刻，回忆的效率也更高，因此记忆会更长久，但仍需回忆。回忆的同时，如发现联想质量不高，可做一定的修改。

　　运用记忆宫殿也是需要回忆的，其回忆策略因人而异。对于初学者，每个房间内的地点桩记忆完成，最好把该房间内所记忆的内容回忆一遍，再用下一个房间内的地

点桩记忆新的内容。在回忆时，先回忆房间内每个地点桩所记忆的内容，内容回忆完，再对照所记的内容查看记忆是否正确。如有错误的或记忆偏差的，要立刻用原来的地点桩重新记忆，并且这里是下次要着重回忆的地方。当所有内容全部记忆完，也要进行一次总回忆。总回忆可以先把所有地点桩上所记忆的内容全部回忆一遍，再对照所记的内容查看正确与否；也可以回忆一部分内容后，对照所记的内容查看一下，再回忆下一部分内容，直至全部回忆并对照查看完。

对于记忆比赛项目的回忆，则需要根据自己平时的记忆训练程度来决定。平时的记忆速度较快，记忆准确度较高，则可以减少回忆的频率。否则，则需要多次回忆，如每记忆一部分内容后都要回忆一遍，每记忆两三部分内容后再将这两三部分内容回忆一遍，如此反复回忆，直至全部记忆完并回忆完。在记忆比赛中，只有多回忆才能加深记忆，因为在规定的时间内，要在绝对保证记忆的准确率前提下，才能追求记忆更多的内容。

第 5 章
记忆宫殿训练

要想快速有效地学习任何东西，你必须看它、读它、
听它和感觉它。——托尼·斯托克威尔

5.1 出图训练

出图就是在脑海中想象出图像，图像越具体越好，细节越丰富越好，这是联想力的最基本能力。

初次训练出图可以参照实物或图片，观察实物或图片几秒，再闭眼在脑海中想象图像，如想象得比较模糊，可再观察实物或图片，观察完再闭眼想象图像，如此反复，直至脑海中能想象出较完好的图像。

在日常生活中，可以抽出几分钟时间，闭眼想象某一事物的具体图像，想象得越具体越好。可想象见过的或未见过的事物，可想象扭曲某事物，可想象把两个事物组合在一起，可想象拆解某事物，等等。想象力是天马行空的，可任意想象。

下面进行出图训练，分为静态和动态，请根据要求进行想象。

出图训练 1

请根据词语依次在脑海中想象出图

常见事物：

枕头、电脑、小狗、果冻、军大衣

不常见事物：

卫星、导弹、坦克、鲨鱼、恐龙化石

出图训练 2

请根据提示依次在脑海中想象出动态的图像

行驶的汽车

火车呜呜地驶过

狼扑向你

打开笔记本电脑，再合上笔记本电脑

原子弹爆炸

出图训练 3

请根据提示依次在脑海中想象出组合图像

把大象塞进冰箱

把长颈鹿放进狗笼子里

把汽车放进行李箱里

把桌子放进抽屉里

把空气装进袋子里

出图训练 4

请根据提示依次在脑海中想象出动态的场景

道路上多辆汽车在行驶

众多游客在景区游玩

超市里多人选购商品

两架飞机在空中格斗

坐在汽车里看窗外的街景

5.2 抽象词联想

前面代替出图的词语都是抽象词，抽象词是无法直接在脑海中想象出图像的，需要转换出图。

请回忆下面的词语是如何联想出图的：

开心、闭门羹、守卫、劳动、可爱

抽象、举例、代表、王国、金黄

前面已讲解代替出图的方法，很多抽象词只需多加揣摩，都可以联想出图像。下面就开始抽象词联想出图训练，因为每个人的想象力不同，所联想出的图像也不尽相同，所以大家可以自由发挥想象力。

接下来进行具体训练。

抽象词联想出图训练 1

二字抽象词出图训练：	三字抽象词出图训练：	四字抽象词出图训练：
刑法、固体、净化、力学、病因 推理、前提、提出	东道主、恶作剧、炒鱿鱼、对不起、多面手 土包子、拍马屁	热火朝天、安居乐业 老当益壮、自立门户、千锤百炼

抽象词联想出图训练 2

具体名词与抽象词联想训练：

南瓜——寒冷

太阳——矛盾

海龟——时间

风筝——实力

湖泊——西周

抽象诗句联想出图（场景）训练：

四面边声连角起（范仲淹《渔家傲·秋思》）

梨花院落溶溶月（晏殊《无题·油壁香车不再逢》）

试问闲愁都几许（贺铸《青玉案》）

物换星移几度秋（王勃《滕王阁序》）

庭院深深深几许（宋代）

5.3 链接训练

链接就是将记忆桩与内容、内容与内容联系在一起，便于回忆时通过这个链接回想出后面的内容。链接可以是静态的，也可以是动态的，相对来讲，动态的链接比静态的链接更便于回忆，所以在记忆时尽量联想为动态的链接。

静态的链接基本都是简单的放置，如桌子和电脑，可联想为在桌子上有一台电脑，即将电脑放置在桌子上，在脑海中想象的图像也是静态的。这样的关联度不高，因为在桌子上可以放置电脑，也可以放置其他物品，所以易导致无法回忆出后面的内容。

动态的链接基本就是根据前面的内容联想出一个简单的动作，并作用于下一个内容。如足球和积木，可联想为足球被踢飞，冲散积木，这是动态的链接，足球和积木之前因合理的操作关联在一起，在脑海中想象的图像也是动态的，动态的内容更便于右脑接受。

具体训练如下。

链接训练

两个词语之链接训练：

手机——毛巾

火机——可乐

汽车——交警

魔方——饭盒

书包——跑步机

三个词语之链接训练：

蜗牛——电水壶——橡皮

喇叭—牙膏——抽纸

仙人球——鼠标——电灯泡

书——枕头——子弹

面包——窗户——空调

地点桩示意图。

请将图中的 10 个地点桩与下面的 10 个词语关联：

插座、炮弹、榴梿、小推车、手臂

毛笔、城墙、龙椅、辫子、马路

5.4　多信息记忆训练

通常，不管是否运用记忆法，较少的内容是很容易记忆的。而对于较多的内容，如果是机械记忆，即便花费大量精力记住了，但在回想时容易遗漏某些内容，因为我们无法准确地将存储于脑海中的内容一个不落地"输出"。虽然运用记忆法能避免发生这样的情况，但初学者有时也会发生联想的画面断开的情况，一是因为联想得不牢靠，二是因为对较多内容的联想训练不足。

本节我们训练多信息的记忆，这种训练是比较辛苦的，因为要在脑海中不断地联想，所联想的画面越来越长，一步步挑战我们的联想极限。

具体训练如下。

多信息记忆训练 1

词语联想训练 1：

商人、钻石、拉面、夹克、将军

词语联想训练 2：

军号、碎布、手掌、图书、西汉

皇子、滑梯、跟头、过道、卤菜

多信息记忆训练 2

数字联想训练 1：

7 5 8 6 8

数字联想训练 2：

4 3 7 9 7 6 6 1 2 0

数字桩联想训练

数字桩 0 记忆：城楼、螺丝、5、枯草、专家

数字桩 1 记忆：理发师、3、法师、0、地砖

数字桩 2 记忆：2、屠龙刀、右手、居民楼、4

数字桩 3 记忆：师兄、避雷针、邮箱、肉中刺、蝴蝶

数字桩 4 记忆：职工、南极洲、零用钱、宫殿、树根

数字桩 5 记忆：5、8、城隍庙、蠕虫、6

数字桩 6 记忆：球面、6、4、9、0

数字桩 7 记忆：灰尘、天气 2、5、0

数字桩 8 记忆：老太太、博士、4、枯井、蟑螂

数字桩 9 记忆：9、牛蛙、5、城池、3

身体桩联想训练

第 1 个身体桩（头发）记忆：76976

第 2 个身体桩（眼睛）记忆：13545

第 3 个身体桩（鼻子）记忆：09876

第 4 个身体桩（嘴）记忆：56429

第 5 个身体桩（脖子）记忆：99195

第 6 个身体桩（肩）记忆：24687

第 7 个身体桩（手）记忆：56379

第 8 个身体桩（肚子）记忆：15894

第 9 个身体桩（大腿）记忆：09627

第 10 个身体桩（脚）记忆：56449

第6章

记忆宫殿编码

锻炼记忆力的良好方法是锻炼自己的注意力。——爱德华兹

6.1 字母编码

当内容中含有多个字母时，只用记忆法背诵文字内容无法准确表达其真实意思，我们也需要同时记住字母。如果是少量的字母，那么无须记忆法也能轻松记住，但如果字母较多，单纯机械记忆会造成混淆。为方便记忆，我们可以将字母进行编码，这样也便于和文字联想记忆。字母的编码可以自行整理，也可以参考他人的字母编码，从中选取适合自己的。

字母编码如表 6-1 所示。

表 6-1　字母编码表

字母	编码图像	说明
a	苹果	形象，外形相似
b	笔	笔的拼音首字母是 b
c	弯弯的月亮	外形相似
d	大提琴	外形相似
e	鹅	鹅的拼音是 e
f	拐杖	外形相似
g	鸽子	鸽的拼音首字母是 g
h	椅子	外形相似
i	蜡烛	外形相似
j	钩子	外形相似
k	机械	外形相似
l	棍子	外形相似
m	麦当劳 M 标志	外形相似
n	门	外形相似
o	甜甜圈	外形相似

续表

字母	编码图像	说明
p	皮鞋	皮的拼音首字母是 p
q	气球	气球的拼音首字母都是 q
r	草	外形相似
s	蛇	外形相似
t	伞	外形相似
u	杯子	外形相似
v	夹子	外形相似
w	王冠	外形相似
x	剪子	外形相似
y	衣叉	外形相似
z	凳子	外形相似

注意，在熟记字母编码时，当看到字母后要立即在脑海中想象出编码的图像，不要默念编码的名称。

请回忆以上字母编码，如果有忘记或记忆模糊的，可以再次记忆。

请根据字母快速写出其对应的编码图像。

c 的编码是 _____

g 的编码是 _____

o 的编码是 _____

e 的编码是 _____

v 的编码是 _____

a 的编码是 _____

j 的编码是 _____

x 的编码是 _____

q 的编码是 _____

p 的编码是 _____

请根据编码，快速填写出其对应的字母。

皮鞋的字母是 _____

凳子的字母是 _____

伞的字母是 _____

椅子的字母是 _____

笔的字母是 _____

拐杖的字母是 _____

门的字母是 _____

大提琴的字母是 _____

剪子的字母是 _____

草的字母是 _____

接下来是具体训练。

字母编码训练 1

举例1：花盆、e

说明：e 的编码是鹅

联想记忆：花盆扣在鹅的脑袋上

举例2：糖果、p、牙膏

说明：p 的编码是皮鞋

联想记忆：糖果粘在皮鞋上，皮鞋踩住牙膏（把牙膏挤压出来了）

字母编码训练 2

举例：x、a、d、f、o

说明：x 的编码是剪刀，a 的编码是苹果，d 的编码是大提琴，f 的编码是拐杖，
　　　o 的编码是甜甜圈

联想记忆：剪刀剪苹果，苹果掉到大提琴的圆孔里，导致大提琴左右摇晃并碰
　　　　　倒了拐杖，拐杖倒下砸中甜甜圈

字母编码训练 3

举例：苏 A 43F90（随意构想的，非真实车牌号）

说明：苏谐音成梳（子），a 的编码是苹果，43 的编码是石山（见 6.2 节数字编
　　　码），f 的编码是拐杖，90 的编码是酒瓶（见 6.2 节数字编码）

联想记忆：用梳子狠戳苹果，苹果掉下砸倒石山，石山压断拐杖，断的拐杖飞
　　　　　出去打碎酒瓶

以上的举例内容记住了吗？接下来是强化训练：

请写出花盆后面的内容：＿＿＿＿＿＿＿＿＿＿

请写出牙膏前面的内容：＿＿＿＿＿＿＿＿＿＿ 、 ＿＿＿＿＿＿＿＿＿＿

请写出 x 后面的内容：＿＿＿＿＿＿＿＿＿＿ 、 ＿＿＿＿＿＿＿＿＿＿ 、 ＿＿＿

＿＿＿＿＿＿ 、 ＿＿＿＿＿＿＿＿＿＿

请写出所记的车牌号：＿＿＿＿＿＿＿＿＿＿

6.2 数字编码

在生活中，有的人能背出圆周率小数点后近百位数字；在世界记忆比赛中，要求在一个小时内记住一两千个随机数字。如果是单纯死记硬背数字，肯定是记不住的，因为数字与数字之间是没有任何关联的，多数字排列到一起是没有任何意义的，是无法理解的，所以记忆这么多数字需要一定的技巧的。

数字编码是将每一个数字编码成图像，当我们要记忆数字时，不是记忆表面的数字，而是记忆数字所对应的编码图像，单纯记忆数字是左脑的死记硬背，而记忆数字的编码图像使用的是右脑的图像记忆功能，我们只需配合使用前面所学的联想记忆功能，即可记忆大量数字或圆周率小数点后几百位。

两位数的数字编码如表 6-2 所示。

表 6-2　数字编码表

数字	编码图像	说明
00	望远镜	形象，0 像望远镜的镜片
01	鬼 / 黑白无常	谐音 + 引申，01 谐音成灵异
02	铃儿	谐音，0 谐音成铃，2 谐音成儿
03	（灵山）大佛	谐音，0 谐音成灵，3 谐音成山
04	零食	谐音，0 谐音成零，4 谐音成食
05	灵符	谐音，0 谐音成灵，5 谐音成符
06	（您溜）滑板	谐音，0 谐音成您，6 谐音成溜
07	令旗	谐音，0 谐音成令，7 谐音成旗
08	篱笆	谐音，0 谐音成篱，8 谐音成笆
09	灵柩	谐音，0 谐音成灵，9 谐音成柩
10	棒球	形象，1 像棒，0 像球
11	筷子	形象，1 像筷子

续表

数字	编码图像	说明
12	婴儿	谐音，1 谐音成婴，2 谐音成儿
13	衣裳	谐音，1 谐音成衣，3 谐音成裳
14	钥匙	谐音，1 谐音成钥，4 谐音成匙
15	鹦鹉	谐音，1 谐音成鹦，5 谐音成鹉
16	石榴	谐音，16 谐音成石榴
17	仪器（自选）	谐音，1 谐音成仪，7 谐音成器
18	腰包	谐音，1 谐音成腰，8 谐音成包
19	衣钩	谐音，1 谐音成衣，9 谐音成钩
20	耳铃	谐音，2 谐音成耳，0 谐音成铃
21	鳄鱼	谐音，2 谐音成鳄，1 谐音成鱼
22	对联	形象，对联是一对两个
23	耳塞	谐音，2 谐音成耳，3 谐音成塞
24	闹钟	意义，一天 24 个小时
25	二胡	谐音，5 谐音成胡
26	溜冰鞋	形象，6 像鞋子，2 是两只
27	耳机	谐音，2 谐音成耳，7 谐音成机
28	耳扒	谐音，2 谐音成耳，8 谐音成扒
29	恶狗	谐音，2 谐音成恶，9 谐音成狗
30	三轮车	形象，0 像轮子，就是 3 个轮子
31	挖机	意义，三一挖机公司
32	扇儿	谐音，3 谐音成扇，2 谐音成儿
33	笔山	形象，3 像山
34	（绅士）帽子	谐音，3 谐音成绅，4 谐音成士
35	香烟	意义，有一香烟品牌是 3 个 5

数字	编码图像	说明
36	山鹿	谐音，3谐音成山，6谐音成鹿
37	山鸡	谐音，3谐音成山，7谐音成鸡
38	沙发	谐音，3谐音成沙，8谐音成发
39	感冒药	意义，三九感冒药
40	司令	谐音，4谐音成司，0谐音成令
41	司仪	谐音，4谐音成司，1谐音成仪
42	柿儿	谐音，4谐音成柿，2谐音成儿
43	石山	谐音，4谐音成石，3谐音成山
44	石狮	谐音，4谐音成石，4谐音成狮
45	师傅（唐僧）	谐音，4谐音成师，5谐音成傅
46	饲料	谐音，4谐音成饲，6谐音成料
47	（司机）方向盘	谐音，4谐音成司，7谐音成机
48	丝瓜	谐音，4谐音成丝，8谐音成瓜
49	石臼	谐音，4谐音成石，9谐音成臼
50	五环	形象，0像环，5个环
51	工具（自选）	意义，五一劳动节，自选劳动工具
52	斧儿	谐音，5谐音成斧，2谐音成儿
53	乌纱帽	谐音，5谐音成乌，3谐音成纱
54	武士刀	谐音，5谐音成武，4谐音成士
55	（呜呜）火车	谐音，5谐音成呜
56	蜗牛	谐音，5谐音成蜗，6谐音成牛
57	（武器）手枪	谐音，5谐音成武，7谐音成器
58	火把	谐音，5谐音成火，8谐音成把
59	五角星	谐音，9谐音成角

续表

数字	编码图像	说明
60	榴梿	谐音，6谐音成榴，0谐音成梿
61	（儿童）红领巾	意义，六一儿童节
62	牛儿	谐音，6谐音成牛，2谐音成儿
63	（流沙）沙漏	谐音，6谐音成流，3谐音成沙
64	螺丝	谐音，6谐音成螺，4谐音成丝
65	尿壶	谐音，6谐音成尿，5谐音成壶
66	溜溜球	谐音，6谐音成溜
67	油漆（刷）	谐音，6谐音成油，7谐音成漆
68	喇叭	谐音，6谐音成喇，8谐音成叭
69	鸳鸯火锅	形象，6和9拼在一起像太极图
70	麒麟	谐音，7谐音成麒，0谐音成麟
71	（机翼）飞机	谐音，7谐音成机，1谐音成翼
72	企鹅	谐音，7谐音成企，2谐音成鹅
73	旗杆	谐音，7谐音成旗，3谐音成杆
74	骑士	谐音，7谐音成骑，4谐音成士
75	积木	谐音，7谐音成积，5谐音成木
76	汽油（桶）	谐音，7谐音成汽，6谐音成油
77	蛐蛐（罐）	谐音，7谐音成蛐
78	青蛙	谐音，7谐音成青，8谐音成蛙
79	气球	谐音，7谐音成气，9谐音成球
80	（巴黎）铁塔	谐音，8谐音成巴，0谐音成黎
81	白蚁	谐音，8谐音成白，1谐音成蚁
82	靶儿	谐音，8谐音成靶，2谐音成儿
83	芭（蕉）扇	谐音，8谐音成芭，3谐音成扇

续表

数字	编码图像	说明
84	巴士	谐音，8 谐音成巴，4 谐音成士
85	宝物（箱）	谐音，8 谐音成宝，5 谐音成物
86	八路	谐音，6 谐音成路
87	白旗	谐音，8 谐音成白，7 谐音成旗
88	粑粑	谐音，8 谐音成粑
89	芭蕉	谐音，8 谐音成芭，9 谐音成蕉
90	酒瓶	谐音，9 谐音成酒，0 谐音成瓶
91	书包	意义，9 月 1 号开学，要背书包
92	球儿	谐音，9 谐音成球，2 谐音成儿
93	旧伞	谐音，9 谐音成旧，3 谐音成伞
94	首饰	谐音，9 谐音成首，4 谐音成饰
95	酒壶	谐音，9 谐音成酒，5 谐音成壶
96	旧炉	谐音，9 谐音成旧，6 谐音成炉
97	酒启	谐音，9 谐音成酒，7 谐音成启
98	球拍	谐音，9 谐音成球，8 谐音成拍
99	一束花	意义，99 朵花是一束花

请先熟记两位数的数字编码，只有记熟后才能达到速记的效果。熟记数字编码过程，注意不要读出声，也不要在心里默念，当看到两位数时，要在脑海中迅速想象出所对应的编码图像，中间不要想其他的，不要默念任何内容。笔者当初训练时，在看到数字后，会不自主地在心里默念编码的中文名称，然后才在脑海中想象出图像，这样速度太慢，后来慢慢地抛弃中间默念的环节，但也无法做到所有数字编码都不默念，这一不好的习惯已经改不了，所以大家一定要从一开始就抛弃中间的环节：不要默念，看到数字直接出图像。

请根据数字快速写出其对应的编码图像：

45 的编码是 ＿＿＿＿＿＿＿＿＿＿

87 的编码是 ＿＿＿＿＿＿＿＿＿＿

21 的编码是 ＿＿＿＿＿＿＿＿＿＿

07 的编码是 ＿＿＿＿＿＿＿＿＿＿

38 的编码是 ＿＿＿＿＿＿＿＿＿＿

40 的编码是 ＿＿＿＿＿＿＿＿＿＿

81 的编码是 ＿＿＿＿＿＿＿＿＿＿

91 的编码是 ＿＿＿＿＿＿＿＿＿＿

77 的编码是 ＿＿＿＿＿＿＿＿＿＿

08 的编码是 ＿＿＿＿＿＿＿＿＿＿

下面使用两位数的数字编码记忆圆周率 100 位：

3.141592653558979323846264338327950288419716939937510582097494459230781
640628620899862803482534211 70679

记忆方法

（1）熟悉数字编码。

（2）利用数字编码进行联想记忆，也就是将每两个数字所对应的图像进行联想记忆。

具体训练如下。

数字编码训练 1

3.1415926535 8979323846

联想记忆：（一定要在脑海中想象出图像）

一把钥匙（14）插到鹦鹉（15）身上，鹦鹉启动了，鹦鹉用脚踢球儿（92），球儿飞出去，砸倒了尿壶（65），尿壶里的尿液洒在了三五牌香烟（35）上，香烟不能抽了，那就吃个芭蕉（89），可芭蕉上绑着气球（79）飞上去了，拿起扇儿（32）想打下来，但还是够不到，就站在沙发（38）上，可一不小心把沙发踩翻了，沙发底下的饲料（46）露出来了。

数字编码训练 2

2643383279 5028841971

联想记忆：（一定要在脑海中想象出图像）

（接着前面的）饲料露出来后，用溜冰鞋（26）装饲料，再推着溜冰鞋走，不小心撞翻了石山（43），石山倒在那个被踩翻的沙发（38）上，这个沙发上还放着那把扇儿（32），可不知这扇儿上怎么绑着气球（79），气球飞过五环（50），但卡在环里了，就用耳扒（28）戳破气球，气球被戳破的瞬间爆裂开来，把耳扒炸飞出去，耳扒飞出去撞到了巴士（84），竟撞翻了巴士，只得用衣钩（19）勾住巴士，另一头再绑到飞机（71）上，用飞机去拉巴士。

数字编码训练 3

6939937510

联想记忆：（一定要在脑海中想象出图像）

飞机拉巴士的时候，不小心把衣钩拉断了，飞机也冲出去，把鸳鸯火锅（69）撞翻，从火锅里飞出来的不是食物，竟是感冒药（39），我连忙用手打开旧伞（93）去挡，可不小心用伞勾倒了积木（75），我很生气，拿出棒球（10）要打人。

至此，我们已记忆圆周率小数点后 50 位数字了，一般能记到这里也就可以了。但这只是初级的基础，有些小朋友也能记住 50 位数，所以大家可以再努力记 50 位数。

请在下面写出圆周率小数点后 50 位数：

_____

_____

接下来记忆圆周率小数点后 51 位数到 100 位数。

数字编码训练 4

5820974944 5923078164

联想记忆：（一定要在脑海中想象出图像）

正要拿棒球打人时，竟有一人拿火把（58）来和我对打，这人耳朵上挂着一个耳铃（20），我把他的耳铃抢了过来，融化了做成酒启（97），用酒启去刮石臼（49）里的食物给石狮（44）吃（石狮是石头做的，怎么会吃东西呢），石狮竟张口吃了，吃完奖励我一个五角星（59），我拿着五角星戴着耳塞（23）高兴地过马路，可被一个拿令旗（07）的白蚁（81）拦住了，说我违反交通，要罚我拧螺丝（64）。

数字编码训练 5

0628620899 8628034825

联想记忆：（一定要在脑海中想象出图像）

我把螺丝拧到滑板（06）上，站在滑板上滑出去拿耳扒（28）给牛儿（62）掏耳屎，却把牛弄疼，牛冲出去撞倒篱笆（08）和篱笆上的一束花（99），花掉到八路（86）身上，八路把那个耳扒（28）送给了灵山大佛（03），大佛用来剥丝瓜（48），然后丝瓜皮用来擦二胡（25）。

数字编码训练 6

> 3421170679
>
> 联想记忆：（一定要在脑海中想象出图像）
>
> 　　擦完二胡，戴上绅士帽（34），牵着鳄鱼（21）去买仪器（17），再用滑板（06）运回来，任务完成了，奖励一个气球（79）。

以上是圆周率小数点后 100 位数的记忆，请在脑海中回忆所记的图像，如有忘记的或记忆模糊的，可以再看一遍巩固一下。

请在下面写出圆周率小数点后 100 位数：

_____

_____

_____

数字编码可以用来作为记忆的内容，即记忆数字本身，也可以用来作为记忆桩，即数字桩。

下面用数字桩记忆 36 计，从 01 开始到 36 的数字编码，一个数字编码记忆一条 36 计。请熟记数字编码的前 36 个，记完后，不但可以按顺序一个个地背，还可以从最后一个往前倒着背，或者从 1~36 中随机报一个数，可以直接说出所对应的 36 计（见表 6-3）。

表 6-3　数字桩记忆训练表

36 计		
胜战计	敌战计	攻战计
01. 瞒天过海	07. 无中生有	13. 打草惊蛇
02. 围魏救赵	08. 暗度陈仓	14. 借尸还魂
03. 借刀杀人	09. 隔岸观火	15. 调虎离山
04. 以逸待劳	10. 笑里藏刀	16. 欲擒故纵
05. 趁火打劫	11. 李代桃僵	17. 抛砖引玉
06. 声东击西	12. 顺手牵羊	18. 擒贼擒王

续表

36 计		
混战计	并战计	败战计
19. 釜底抽薪	25. 偷梁换柱	31. 美人计
20. 浑水摸鱼	26. 指桑骂槐	32. 空城计
21. 金蝉脱壳	27. 假痴不癫	33. 反间计
22. 关门捉贼	28. 上屋抽梯	34. 苦肉计
23. 远交近攻	29. 树上开花	35. 连环计
24. 假道伐虢	30. 反客为主	36. 走为上

第 01 个数字桩（黑白无常）记忆"瞒天过海"

联想记忆：黑白无常是在晚上出来，天空是黑的，什么也看不见，这时黑白无常正好可以偷偷游过大海。

说明：晚上天空是黑的，什么也看不见，可以理解为"瞒天"；偷偷游过大海，可以理解为"过海"。

第 02 个数字桩（铃儿）记忆"围魏救赵"

联想记忆：拿着铃儿围着姓魏的人摇，吵死他，姓魏的人直喊救命。

说明：围着姓魏的人，可以理解为"围魏"。

第 03 个数字桩（灵山大佛）记忆"借刀杀人"

联想记忆：我去跟灵山大佛借刀杀人，大佛劝我放下屠刀，立地成佛。

第 04 个数字桩（零食）记忆"以逸待劳"

联想记忆：我休息时吃着零食，看着别人劳动。

说明：休息，可以理解为"以逸"；看着别人劳动，可以理解为"待劳"。

第 05 个数字桩（灵符）记忆"趁火打劫"

联想记忆：我把灵符点着烧了房子，可以趁火打劫了。

第 06 个数字桩（滑板）记忆"声东击西"

联想记忆：我把滑板推向了东边，我自己却跑向了西边。

说明：滑板推向了东边，可以理解为"声东"；我自己却跑向了西边，可以理解为"击西"。

第 07 个数字桩（令旗）记忆"无中生有"

联想记忆：老师给我一把令旗玩，只是让我玩的，可我拿到教室里，跟同学说这令旗代表老师，我拿令旗指挥你们干活，就相当于老师指挥你们干活，可其实这令旗不能代表老师，没有任何意义，只是用来玩的，我却指挥别人干活，这不是无中生有吗？

36 计

第 08 个数字桩（篱笆）记忆"暗度陈仓"

联想记忆：篱笆可以作为渡河的工具，我用篱笆暗地里渡河，然后把篱笆作为仓库。

说明：我用篱笆暗地里渡河，可以理解为"暗度"；把篱笆作为仓库，可以理解为"陈仓"。

第 09 个数字桩（灵柩）记忆"隔岸观火"

联想记忆：我们抬灵柩到河边，看到河对岸着火了，我们只能在岸边观看。

说明：河对岸就是"隔岸"；在岸边观看就是"隔岸观火"。

第 10 个数字桩（棒球）记忆"笑里藏刀"

联想记忆：我拿着棒球棒，笑眯眯地对你说"看我变魔术。"我从棒子里抽出一把事先藏好的刀。我这魔术厉害吧？

说明：笑眯眯地对你说，可以理解为"笑里"；从棒子里抽出一把事先藏好的刀，可以理解为"藏刀"。

第 11 个数字桩（筷子）记忆"李代桃僵"

联想记忆：我用筷子戳（或夹起）李子和桃子。

第 12 个数字桩（婴儿）记忆"顺手牵羊"

联想记忆：婴儿啥也不懂，顺手一牵，就牵走一只羊。

第 13 个数字桩（衣裳）记忆"打草惊蛇"

联想记忆：在野外，我脱下衣裳甩起来打到草，惊吓到草里的蛇了。

第 14 个数字桩（钥匙）记忆"借尸还魂"

联想记忆：我借了一把钥匙，插到尸体上，尸体竟然动了，难道还魂了？

第 15 个数字桩（鹦鹉）记忆"调虎离山"

联想记忆：鹦鹉落在老虎的头上，用嘴啄老虎的眼睛，老虎很生气，要吃了鹦鹉，鹦鹉可不笨，立马飞下山了，老虎就一直追下山了。老虎离开了山。

第 16 个数字桩（石榴）记忆"欲擒故纵"

联想记忆：我把石榴一粒粒地剥下来，喂给鸟吃，顺势把鸟给擒住了，但我最后还是把鸟给放了。

第 17 个数字桩（仪器）记忆"抛砖引玉"

联想记忆：我用仪器检测砖头，发现材质不好，就抛弃了；再检测玉石，发现材质很好，就留下了。

续表

36 计
第 18 个数字桩（腰包）记忆"擒贼擒王" 联想记忆：我腰包里的钱被贼偷走了，我要擒住贼，还要擒住贼王。
第 19 个数字桩（衣钩）记忆"釜底抽薪" 联想记忆：锅底下的柴正在燃烧，无法直接用手拿，只得用衣钩钩住柴再抽出来。 说明：锅（釜）底下就是"釜底"；用衣钩钩住柴（薪）再抽出来就是"抽薪"。
第 20 个数字桩（耳铃）记忆"浑水摸鱼" 联想记忆：我的耳铃掉水里了，我在水里摸了好久，把水都给搞混了，最后只摸到一条鱼。
第 21 个数字桩（鳄鱼）记忆"金蝉脱壳" 联想记忆：鳄鱼吃了很多金蝉脱下来的壳子。
第 22 个数字桩（对联）记忆"关门捉贼" 联想记忆：把对联贴门上时，不小心门关了，我以为家里进贼了。
第 23 个数字桩（耳塞）记忆"远交近攻" 联想记忆：我戴上耳塞，就算远处交战，我也听不见，只能听见近处的声音。
第 24 个数字桩（闹钟）记忆"假道伐虢" 联想记忆：闹钟响了，可我还是要迟到了，我只能借（假）近道去上学。
第 25 个数字桩（二胡）记忆"偷梁换柱" 联想记忆：二胡是由偷来的梁和柱子做的。
第 26 个数字桩（溜冰鞋）记忆"指桑骂槐" 联想记忆：我穿着溜冰鞋，溜到桑树下，指着桑树就骂，因为我觉得树里有鬼。 说明：指着桑树就是"指桑"；树里有鬼，可以理解为"槐"。
第 27 个数字桩（耳机）记忆"假痴不癫" 联想记忆：现在的年轻人喜欢戴着耳机（耳麦），跳着街舞，在我看来，这些年轻人不是痴就是癫。
第 28 个数字桩（耳扒）记忆"上屋抽梯" 联想记忆：耳扒很大，可以架在屋子上，顺着耳扒爬上屋，再把原来的梯子抽走。
第 29 个数字桩（恶狗）记忆"树上开花" 联想记忆：恶狗爬上树，把刚开的花给咬了。

36 计

第 30 个数字桩（三轮车）记忆"反客为主"

联想记忆：我一般坐三轮车，不让车夫骑车，我是让车夫坐后面，我来骑车。我是客，车夫是主。我这样搞反了。

第 31 个数字桩（挖机）记忆"美人计"

联想记忆：汽车有汽车展，挖机也有挖机展，并且挖机前面也站有美人。

第 32 个数字桩（扇儿）记忆"空城计"

联想记忆：这扇子可不是一般的扇子，是诸葛孔明用的羽毛扇，孔明就是拿着这把羽毛扇站在空城上，迫使司马懿退兵的。

第 33 个数字桩（笔山）记忆"反间计"

联想记忆：把笔山反过来，尖尖（间）的那一头向下了，就是"反尖"。

说明：反间谐音成反尖。

第 34 个数字桩（帽子）记忆"苦肉计"

联想记忆：我蹲在地上，把帽子放在前面乞讨，这时一个人给我一块肉，我拿起来直接吃了，可吃到嘴里发现是苦的。

第 35 个数字桩（香烟）记忆"连环计"

联想记忆：我抽香烟，吐出一个个圆环，圆环是连着的。

第 36 个数字桩（山鹿）记忆"走为上"

联想记忆：山上的野山鹿看到人后，会立马走开，因为怕人猎杀它。

请按顺序从 1 到 36 全背出来，背完后再从 36 到 1 倒着背出来，如果你正背、倒背都能背出来，那可以从 1 到 36 之间随机报一个数字，再背出这个数字所对应的 36 计是什么内容。

请在下面写出序号所对应的 36 计：

36 计第 5 条是：

_____

36 计第 15 条是：

_____

36 计第 17 条是：

_____

36 计第 9 条是：

_____

36 计第 35 条是：

_____

36 计第 2 条是：

_____

36 计第 11 条是：

_____

36 计第 26 条是：

_____

6.3 扑克牌编码

前面讲过扑克牌编码是从 00~99 的数字编码中选取，但选取是有一定规则的，这样便于初学者学习、使用扑克牌编码，可以自己从数字编码中选取，也可以自定义扑克牌编码，笔者个人建议从数字编码中选取，因为数字编码是一套已整理好并为人所熟知的编码，套用到扑克牌编码中，无须再次整理、熟悉，可减少扑克牌编码整理的时间。

扑克牌编码的记忆原理和字母编码或数字编码是一样的，这样从数字编码中选取可以直接训练，无须花费太多熟悉编码的时间。

从数字编码中选取的扑克牌编码如表 6-4、表 6-5 所示。

表 6-4　扑克牌编码表 1

黑桃 1 选取 11 的数字编码：筷子	红桃 1 选取 21 的数字编码：鳄鱼
黑桃 2 选取 12 的数字编码：婴儿	红桃 2 选取 22 的数字编码：对联

续表

黑桃 3 选取 13 的数字编码：衣裳	红桃 3 选取 23 的数字编码：耳塞
黑桃 4 选取 14 的数字编码：钥匙	红桃 4 选取 24 的数字编码：闹钟
黑桃 5 选取 15 的数字编码：鹦鹉	红桃 5 选取 25 的数字编码：二胡
黑桃 6 选取 16 的数字编码：石榴	红桃 6 选取 26 的数字编码：溜冰鞋
黑桃 7 选取 17 的数字编码：仪器	红桃 7 选取 27 的数字编码：耳机
黑桃 8 选取 18 的数字编码：腰包	红桃 8 选取 28 的数字编码：耳扒
黑桃 9 选取 19 的数字编码：衣钩	红桃 9 选取 29 的数字编码：恶狗
黑桃 10 选取 10 的数字编码：棒球	红桃 10 选取 20 的数字编码：耳铃
黑桃 J 选取 61 的数字编码：红领巾	红桃 J 选取 71 的数字编码：飞机
黑桃 Q 选取 62 的数字编码：牛儿	红桃 Q 选取 72 的数字编码：企鹅
黑桃 K 选取 63 的数字编码：沙漏	红桃 K 选取 73 的数字编码：旗杆

表 6-5　扑克牌编码表 2

梅花 1 选取 31 的数字编码：挖机	方块 1 选取 41 的数字编码：司仪
梅花 2 选取 32 的数字编码：扇儿	方块 2 选取 42 的数字编码：柿儿
梅花 3 选取 33 的数字编码：笔山	方块 3 选取 43 的数字编码：石山
梅花 4 选取 34 的数字编码：帽子	方块 4 选取 44 的数字编码：石狮
梅花 5 选取 35 的数字编码：香烟	方块 5 选取 45 的数字编码：师傅
梅花 6 选取 36 的数字编码：山鹿	方块 6 选取 46 的数字编码：饲料
梅花 7 选取 37 的数字编码：山鸡	方块 7 选取 47 的数字编码：方向盘
梅花 8 选取 38 的数字编码：沙发	方块 8 选取 48 的数字编码：丝瓜
梅花 9 选取 39 的数字编码：感冒药	方块 9 选取 49 的数字编码：石臼
梅花 10 选取 30 的数字编码：三轮车	方块 10 选取 40 的数字编码：司令
梅花 J 选取 81 的数字编码：白蚁	方块 J 选取 91 的数字编码：书包
梅花 Q 选取 82 的数字编码：靶儿	方块 Q 选取 92 的数字编码：球儿
梅花 K 选取 83 的数字编码：芭蕉扇	方块 K 选取 93 的数字编码：旧伞

以上扑克牌编码可供参考，大家可以自行创造扑克牌编码，或自行从数字编码中选取。虽然扑克牌编码是从数字编码中选取的，但在平常训练和记忆时，看到扑克牌后的第一反应是在脑海中想象编码图像，中间不要想或默念数字和编码的名称。

请快速写出扑克牌所对应的编码：

黑桃 1：_____

黑桃 8：_____

红桃 3：_____

黑桃 K：_____

方块 7：_____

黑桃 5：_____

方块 1：_____

方块 Q：_____

红桃 3：_____

梅花 8：_____

请快速填写出编码所对应的扑克牌：

石山：_____

书包：_____

靶儿：_____

二胡：_____

沙发：_____

饲料：_____

棒球：_____

笔山：_____

婴儿：_____

企鹅：_____

我们可以拿出一副扑克牌，随机抽取一张，并快速在脑海中想象其对应的编码图像。如果对扑克牌编码不熟悉，还不能完全记住，可以先记住所有黑桃的编码，再将扑克牌中所有黑桃扑克牌单独抽出来，先随机抽取黑桃扑克牌并在脑海中想象出图像，当熟悉所有黑桃扑克牌的编码后，再训练红桃、梅花、方块扑克牌的编码。

举例如下。

举 例

方块 3、梅花 10、方块 7、黑桃 1、方块 Q

梅花 6、黑桃 4、红桃 5、黑桃 Q、黑桃 5

联想记忆：石山倒下砸到三轮车，三轮车冲出去撞到方向盘，方向盘压断筷子，筷子飞出戳破球儿，球儿砸到山鹿身上，吓得山鹿用钥匙割断二胡的弦，并绑在牛儿的头上，牛儿直甩头，但打到了鹦鹉。

请根据回忆，按顺序写出以上所记的扑克牌：

_____ 、_____ 、_____ 、_____ 、_____

_____ 、_____ 、_____ 、_____ 、_____

6.4 姓名编码

当新认识一位朋友时，记不住他的名字是很尴尬的，尤其是同时认识多位新朋友，把他们的名字搞乱，或把姓与名记忆混淆，这是对别人极其不友好的表现，所以可以使用联想记忆法记住新朋友的姓名。

联想记忆姓名时，可以临时逐字（词）联想，但联想的速度、效率可能会慢一些，也可以将常见姓氏提前编码，再将姓氏的编码与名进行联想记忆。常见姓氏并不多，但名可以是各种各样的，任意一个具有意义的汉语字词都可以作为名，其数量太多，所以名不进行提前编码。另外，常见的外国人的姓与名（不包含中间名）也可以提前编码，一方面，在生活中可以快速记住外国人的姓名，另一方面，在记忆比赛中可以提高记忆速度、效率。

以下将列举一些中外姓名编码，大家可参考，也可自行创造编码。有的姓名编码综合运用多种联想方法，可供大家参考借鉴（见表 6-6、表 6-7）。

表 6-6　部分中国姓氏编码

姓氏	编码	说明
白	白板	利用白进行组词（常见简单的词）
蔡	青菜	蔡谐音成菜
曹	水槽	曹谐音成槽
陈	陈皮	利用陈进行组词
邓	凳子	邓谐音成凳
丁	钉子	丁谐音成钉
范	饭	范谐音成饭
高	高跷	利用高进行组词
关	关羽大刀	关联想到关羽，再联想到关羽的兵器
郭	大锅	郭谐音成锅
呙	锅盖	呙谐音成锅，为了区别，引申为锅盖
何	荷花或荷叶	何谐音成荷
侯	猴子	侯谐音成猴
胡	二胡	利用胡进行组词
江	长江	利用江进行组词
蒋	奖牌、奖品	蒋谐音成奖
李	李子	利用李进行组词

续表

姓氏	编码	说明
梁	横梁	利用梁进行组词
林	两个树苗	林由两个木组成，木可以联想到树苗
刘	流星锤	刘谐音成流
卢	炉	卢谐音成炉
梅	梅花	利用梅进行组词
彭	盆	彭谐音成盆
石	石头	利用石进行组词
孙	孙悟空	利用孙进行组词
田	田埂	利用田进行组词
童	童车	利用童进行组词
吴	蜈蚣	吴谐音成蜈
夏	夏天冰棒	夏联想到夏天，引申到冰棒
肖	小的弯的月亮	肖由小和月组成
谢	鞋子	谢谐音成鞋
薛	靴子	薛谐音成靴
严	盐	严谐音成盐
杨	羊	杨谐音成羊
易	易拉罐	利用易进行组词
于	芋头	于谐音成芋
岳	熨斗	岳整体上看形似熨斗
詹	火车	詹联想到詹天佑，再联想到火车
郑	毕业证	郑谐音成证
周	舟	周谐音成舟
赵	照明灯	赵谐音成照
韩	韩国泡菜	韩联想到韩国，再联想到泡菜

续表

姓氏	编码	说明
朱	猪头	朱谐音成猪
秦	兵马俑	秦联想到秦韩，再联想到兵马俑
许	许愿瓶	利用许进行组词
张	弓和长箭	张是由弓和长组成的
孔	孔明灯	利用孔进行组词
金	金牌	利用金进行组词
陶	陶器	利用陶进行组词
方	方便面	利用方进行组词
柳	柳条帽	利用柳进行组词
史	史籍	利用史进行组词
唐	唐三彩	利用唐进行组词
罗	萝卜没有叶子	萝去掉上面的草字头
齐	旗	齐谐音成旗
黄	大黄鸭	利用黄进行组词
毛	毛线	利用毛进行组词
纪	纪晓岚大烟袋	纪联想到纪晓岚，再联想到大烟袋
颜	颜料板	利用颜进行组词
骆	骆驼	利用骆进行组词

表 6-7　部分外国姓名编码

姓名	编码	说明
爱迪生	电灯	爱迪生改进电灯
卡特	挖掘机	卡特是挖掘机品牌之一
鲍伯	抱着伯伯	鲍谐音成抱
博格	博士在格斗	将博格拆分联想

续表

姓名	编码	说明
安东尼	泥土	安上东方的泥土
巴顿	八碗饭或巴顿将军	巴顿谐音成八顿
贝克	贝壳	贝克谐音成贝壳
安德鲁	橹	拆分联想为安上德国的橹
艾米丽	一碗米	艾米丽谐音成爱米粒
玛雅	玛雅文明图腾	根据其含义联想
保罗	萝卜	拆分联想为保卫萝卜
玛丽	超级玛丽	联想为游戏超级玛丽
罗伯特	萝卜头	罗伯特谐音成萝卜头
劳拉	劳工拉车	劳拉拆分联想劳工拉车
奥斯卡	奥斯卡奖小金人	根据其含义联想
阿里	拳王的金腰带	拳王阿里
达特	打头	达特谐音成打头
罗斯	螺丝	罗斯谐音成螺丝
墨菲	墨水瓶长翅膀飞来飞去	墨菲拆分，菲谐音成飞
艾玛	爱玛电动车	艾玛谐音成爱玛
瓦特	蒸汽机	瓦特改良蒸汽机
丽莎	美丽的婚纱	丽莎拆分联想美丽的婚纱
汉纳	汉堡夹蜡烛	汉纳拆分联想汉堡夹蜡烛
彭尼	一盆泥	彭尼谐音成一盆泥
蒂米	皇帝吃米	蒂米拆分联想皇帝吃米
吉姆	积木	吉姆谐音成积木
克拉克	1克拉钻戒	克拉克减字成克拉
尤金	油井	尤金谐音成油井

请快速写出以下姓氏的编码：

邓：_____

高：_____

吕： ＿＿＿＿＿＿＿＿＿＿

林： ＿＿＿＿＿＿＿＿＿＿

胡： ＿＿＿＿＿＿＿＿＿＿

吴： ＿＿＿＿＿＿＿＿＿＿

朱： ＿＿＿＿＿＿＿＿＿＿

黄： ＿＿＿＿＿＿＿＿＿＿

骆： ＿＿＿＿＿＿＿＿＿＿

爱迪生： ＿＿＿＿＿＿＿＿＿＿

卡特： ＿＿＿＿＿＿＿＿＿＿

罗斯： ＿＿＿＿＿＿＿＿＿＿

瓦特： ＿＿＿＿＿＿＿＿＿＿

尤金： ＿＿＿＿＿＿＿＿＿＿

彭尼： ＿＿＿＿＿＿＿＿＿＿

接下来看几个案例。

姓名记忆举例 1～3

记忆举例 1：邓飞

说明：邓的编码是凳子，飞联想为飞起来。

联想记忆：凳子飞起来了。

记忆举例 2：齐媛媛

说明：齐的编码是旗，媛媛联想为圆圆的物品，或两个圆圈。

联想记忆：把旗子插在画有两个圆圈的地上。

记忆举例 3：刘元山

说明：刘的编码是流星锤，元联想为元宝，山按字面本意联想。

联想记忆：甩动流星锤，击飞元宝，一直飞进山里。

姓名记忆举例 4～6

记忆举例 4：金国庆

说明：金的编码是金牌，国庆直接联想为国庆时天安门升旗的场景。

联想记忆：国庆带着金牌到天安门看升旗。

记忆举例 5：安德鲁·彭尼

说明：安德鲁的编码是橹，彭尼的编码是一盆泥。

联想记忆：用橹敲打一盆泥。

记忆举例 6：周保罗

说明：周的编码是舟，保罗的编码是萝卜。

联想记忆：舟上装有很多萝卜。

以上姓名记住了吗？请在脑海中回忆一遍，如有忘记的或记忆模糊的，可以再看一遍巩固一下。

请根据回忆写出相应的全名：

刘 _____

齐 _____

邓 _____

安德鲁 _____

金 _____

周 _____

当姓名较多时，也可以采用记忆宫殿记忆。其原理就是将人名的联想图像关联到地点桩上，和词语的记忆是一样的。

为方便初学者，这幅记忆宫殿图片只标记了 4 个地点桩，正常的记忆宫殿是一张
地点桩图片中标记 10 个地点桩。我们就用这 4 个地点桩来记忆 4 个姓名，大家可以
自行尝试记忆更多姓名。

地点桩记忆人名训练如表 6-8 所示。

表 6-8　地点桩记忆人名训练表

白玲、柳利金、吴雪、童飞
第 1 个地点桩（门）记忆"白玲" 说明：白的编码是白板，玲联想为铃铛 联想记忆：想象门边靠着一白板，白板上挂着铃铛
第 2 个地点桩（柜子）记忆"柳沙金" 说明：柳的编码是柳条帽，沙联想为沙子，金联想为金条 联想记忆：想象柜子里有一柳条帽，柳条帽上全是沙子，扒开沙子，里面有一金条
第 3 个地点桩（椅子）记忆"吴雪" 说明：吴的编码是蜈蚣，雪联想为雪球 联想记忆：想象椅子上一蜈蚣在滚雪球

续表

白玲、柳利金、吴雪、童飞
第 4 个地点桩（桌子）记忆"童飞"
说明：童的编码是童车，飞联想为安装上翅膀飞走
联想记忆：想象桌子上一童车安装上翅膀飞走了
强化训练
请回忆以上 4 个地点桩所记忆的姓名，然后在下面写出相应的姓名。

第 1 个地点桩所记忆的姓名是 ＿＿＿＿＿＿＿＿＿

第 2 个地点桩所记忆的姓名是 ＿＿＿＿＿＿＿＿＿

第 3 个地点桩所记忆的姓名是 ＿＿＿＿＿＿＿＿＿

第 4 个地点桩所记忆的姓名是 ＿＿＿＿＿＿＿＿＿

第 7 章
记忆宫殿应用 1：
世界记忆锦标赛

——

一切知识的获得都需要记忆，记忆是一切智力活动的基础。——培根

1991 年"世界记忆之父"托尼·博赞发起组织世界记忆锦标赛（World Memory Championships），该赛事是国际最高级别的记忆力赛事，早期主要是欧美选手参加，随着该赛事的影响日益扩大，越来越多的人学习、训练记忆术，参与记忆比赛，目前已在全球多个国家举办过该赛事，我国也多次举办过，已产生数以千计的世界记忆高手。大家有兴趣的话，坚持训练，可以尝试参加这个比赛。

世界记忆锦标赛共设有 10 个比赛项目（见表 7-1）。

表 7-1　世界记忆锦标赛比赛项目表

儿童组	年龄在 12 岁及以下
少年组	年龄在 13~17 岁
成年组	年龄在 18~59 岁
老年组	年龄在 60 岁及以上
项目 1	一小时扑克牌（Hour Cards）
项目 2	一小时数字（Hour Digits）
项目 3	抽象图形（Picture）
项目 4	二进制数字（Binary Digits）
项目 5	虚拟历史事件（Dates）
项目 6	随机词语（Random Words）
项目 7	速记扑克牌（Speed Cards）
项目 8	速记数字（Speed Numbers）
项目 9	听记数字（Spoken Numbers）
项目 10	人名头像（Names & Faces）

世界记忆锦标赛共有 3 种不同级别的记忆大师称号，分别是国际记忆大师 International Master of Memory（IMM）、特级记忆大师 Grandmaster of Memory（GMM）、国际特级记忆大师 International Grandmaster of Memory（IGM）称号。

授予相关记忆大师称号的标准如下。

（1）国际记忆大师。

标准一：1 小时内记住 1100 个随机数字。

标准二：1 小时内记住最少 12 副扑克牌。

标准三：60 秒内记住 1 副扑克牌。

标准四：10 个记忆项目均要参赛，且总分达到 3000 分以上。

（2）特级记忆大师。

标准一：先要达到 IMM 要求。

标准二：在当年的世界赛中获得 5500～6499 分的前五名的记忆选手。

（3）国际特级记忆大师。

标准：在世界赛中获得不低于 6500 分的选手（不限名额）。

7.1 数字记忆

前面已讲解过一位、两位数的数字编码，本节将讲解通过记忆宫殿联想两位数编码进行数字记忆。数字编码是最基础的，在世界记忆锦标赛中，数字记忆、扑克牌记忆、二进制记忆、虚拟历史记忆项目都与之有关联。

世界记忆锦标赛中的数字记忆分为两种：1 小时数字记忆、速记数字。其中 1 小时数字记忆，顾名思义，是在 1 小时内尽可能多地记忆数字；而速记数字则是 5 分钟内记忆尽可能多的数字。

日常生活中可以用联想记忆的方法记数字，但在比赛中，最好运用记忆宫殿，因为如果用联想记忆，那么所联想的故事情节拉得太长，会觉得吃力，而且如果所联想的故事中某一环节回忆不出来了，就会造成后面的内容也回忆不出来，所以建议使用记忆宫殿。使用记忆宫殿时，如果中间某一个地点桩上的内容回忆不出来了，不会影响后面的地点桩上的数字的回忆，这就是相较于只用联想记忆法的优势。

1 小时数字记忆和速记数字是比赛中的两个项目，建议大家准备两套记忆宫殿，一套记忆宫殿中的地点桩较多，用于 1 小时数字记忆，另一套记忆宫殿中的地点桩较少，用于速记数字。使用两套记忆宫殿是为了避免两个项目中的数字内容产生混淆，毕竟在比赛中，需要排除一切不利的因素。

无论是 1 小时数字记忆还是速记数字，都是由计算机随机产生的阿拉伯数字，以每页 25 行、每行 40 位数字排列，面对密密麻麻的数字，就需要参赛者有耐心地一个个去记忆，记忆方法或形式都是一样的，只是记忆的时间不同，所以两者的记忆策略是不同的，这两个项目的记忆策略需根据自己平时训练的情况而定。

随机数字排列样式如表 7-2 所示。

表 7-2　随机数字排列样式

样式 1	4149067368911393435238110072788027857077
样式 2	2547197280155773818032795407186980327980
样式 3	1580853687493026819705316848059426716779
样式 4	6920454627013270538557920054438669090677
样式 5	7801535778999905431876886900053718785094
样式 6	7690454568763097130932109734488798603188

在记忆的同时，最好用笔在每 4 个数字下面划一道线，以做区分，以免重复记忆，如 7685766107447935。

数字记忆项目比赛评分规则与记忆方法如表 7-3 所示。

表 7-3　数字记忆项目比赛评分规则与记忆方法

评分规则
1. 每写满一行并完全正确得 40 分
2. 写满一行，但错误 1 个（或空白 1 个）得 20 分
3. 写满一行，但错误 2 个及以上（或空白 2 个及以上）得 0 分
4. 空白一行不得分、不扣分
5. 最后一行未写满，每 1 个数字得 1 分，若错误 1 个得 1.5 分，错误 2 个及以上得 0 分

续表

记忆方法
1. 熟悉数字编码，熟悉记忆宫殿
2. 每个地点桩可联想记忆两个或四个数字，也就是一个或两个数字编码
3. 一定要在脑海中联想出画面，且联想的画面尽量是动态的

 **记忆举例 1**

接下来，每个地点桩记忆 2 个数字，即记忆 1 个数字编码，这适合初学者。不要求大家记住以下数字，但一定要了解、掌握。

假设有以下 5 个地点桩：

飞机驾驶室、飞机舱门、飞机舷梯、飞机起落架、飞机尾翼

记忆以下数字：

6 8 5 3 7 9 0 6 6 4

具体训练如表 7-4 所示。

表 7-4　地点桩记忆训练表

第 1 个地点桩（飞机驾驶室）记忆 "68" 联想记忆：想象飞机驾驶室里的飞行员用喇叭（68）朝乘客喊话 "快点坐好"
第 2 个地点桩（飞机舱门）记忆 "53" 联想记忆：想象飞机舱门关闭时，正好夹住一顶乌纱帽（53）
第 3 个地点桩（飞机舷梯）记忆 "79" 联想记忆：想象飞机舷梯上绑着的一只气球（79）在随意乱飘
第 4 个地点桩（飞机起落架）记忆 "06" 联想记忆：想象飞机起落架的轮子正好滚到滑板（06）上，因飞机太重，把滑板压断，滑板变成两截
第 5 个地点桩（飞机尾翼）记忆 "64" 联想记忆：想象在飞机尾翼钻个大洞，把螺丝（64）拧进去

记忆举例 2

接下来，每个地点桩记忆 4 个数字，即记忆 2 个数字编码。

记忆宫殿图片中的 10 个地点桩已标记好，我们用图中的 10 个地点桩依次记忆以下 40 个数字。数字已列在下面，且已在数字下方划好横线，做了区分。在联想时，一定要在脑海中想象出图像，请认真记忆以下数字。

<u>4149</u>06736<u>891</u>1393<u>4352</u>3811<u>007</u>2788<u>027857</u>0077

具体训练如表 7-5 所示。

表 7-5　地点桩记忆训练表

第 1 个地点桩（饮水机）记忆 "4149" 联想记忆：司仪（41）的话筒放在饮水机中被水淋，用带有水的话筒在石臼（49）里捣一捣
第 2 个地点桩（水桶）记忆 "0673" 联想记忆：滑板（06）撞倒了水桶，一直冲向旗杆（73）

续表

第 3 个地点桩（壁橱）记忆"6891" 联想记忆：就把喇叭（68）放在壁橱里，但喇叭直接掉到书包（91）里
第 4 个地点桩（顶部悬空柜子）记忆"1393" 联想记忆：衣裳（13）被悬空的柜子勾住了，拿不下来，我就用一把旧伞（93）勾住衣裳往下拽
第 5 个地点桩（突出的墙体和不锈钢架子）记忆"4352" 联想记忆：架子上有一石山（43），石山太重，把架子压坏了，石山掉下来并裂开，里面竟有一把很重的斧儿（52）
第 6 个地点桩（立式空调）记忆"3811" 联想记忆：把沙发（38）放在空调上，没想到竟掉下来，正好把筷子（11）砸断
第 7 个地点桩（软坐）记忆"0072" 联想记忆：软坐的靠背上挂着一望远镜（00），企鹅（72）一跳一跳地伸手去够
第 8 个地点桩（长方桌）记忆"7880" 联想记忆：青蛙（78）跳上长方桌子，吐出舌头把巴黎铁塔（80）拽到长方桌子上
第 9 个地点桩（花盆）记忆"2785" 联想记忆：耳机（27）套在花盆上，一起被装进宝物箱（85）里
第 10 个地点桩（打开的窗户）记忆"7077" 联想记忆：冰淇淋（70）涂在窗户上，再把蛐蛐罐（77）粘在上面，但没一会儿就掉下来了

第一行数字已记完，如果要记第二行数字，则要用第二个房间，如果要记第三行数字，则要用第三个房间，依此类推。注意，房间的顺序要有一定含义或规则，并不是随便把各个房间排列在一起。

初学者先从自己家开始找地点桩，而房间的顺序可以按进家门后依次进入各个房间的顺序来排列，自己家为一组记忆宫殿，当自己家里的房间用完了，可以找亲朋好友的家作为记忆宫殿，但这也要求有一定的顺序，或者说是按一定的路线来排列，如：自己家是第一组记忆宫殿，然后去邻居家玩；第二组记忆宫殿则是邻居的家，接着去同学家玩，同学家可以作为第三组记忆宫殿；然后和同学一起去公园玩，公园为第四组记忆宫殿，依此类推。这就是一个路线：从这里到那里，这条路线可长可短。

每组记忆宫殿中的房间顺序要固定且有一定的意义，同时组与组之间的路线顺序也要固定且有一定的意义。

请回忆以上 10 个地点桩所记忆的数字，如果有忘记或记忆模糊的，可以再看一遍巩固一下。

请根据地点桩写出相应的数字：

第 1 个地点桩所记忆的 4 个数字是 _____

第 2 个地点桩所记忆的 4 个数字是 _____

第 3 个地点桩所记忆的 4 个数字是 _____

第 4 个地点桩所记忆的 4 个数字是 _____

第 5 个地点桩所记忆的 4 个数字是 _____

第 6 个地点桩所记忆的 4 个数字是 _____

第 7 个地点桩所记忆的 4 个数字是 _____

第 8 个地点桩所记忆的 4 个数字是 _____

第 9 个地点桩所记忆的 4 个数字是 _____

第 10 个地点桩所记忆的 4 个数字是 _____

 **记忆举例 3**

下面介绍使用记忆载点记忆数字，每个记忆载点记忆 4 个数字，即记忆 2 个数字编码。

记忆载点图如下。

记忆以下数字：

5 6 6 8 9 8 7 6 4 3 3 4 5 6 8 8 7 6 0 9 8 0 6 4 2 5 6 6 3 2 1 3 5 6 8 0 9 7 6 4

具体训练如表 7-6 所示。

表 7-6　地点桩记忆训练表

第 1 个地点桩（椅子）的记忆载点 A 记忆 "5668" 联想记忆：想象蜗牛（56）爬到椅子脚上拿着一个喇叭（68）喊叫
第 1 个地点桩（椅子）的记忆载点 B 记忆 "9876" 联想记忆：想象椅面上一球拍（98）正在拍打汽油桶（76）
第 2 个地点桩（桌子）的记忆载点 C 记忆 "4334" 联想记忆：想象石山（43）砸断桌子的脚，石山也裂开了，里面竟是一绅士帽（34）
第 2 个地点桩（桌子）的记忆载点 D 记忆 "5688" 联想记忆：想象蜗牛（56）在桌面拉了好大的一个粑粑（88）
第 3 个地点桩（门）的记忆载点 E 记忆 "7609" 联想记忆：想象提一桶汽油（76）淋在门框上，然后把门框拆下来做灵柩（09）
第 3 个地点桩（门）的记忆载点 F 记忆 "8064" 联想记忆：想象铁塔（80）倒下，铁塔尖的一头全部插进门里，我拿一螺丝拧进门和铁塔接合处，使其固定

第 4 个地点桩（垃圾桶）的记忆载点 G 记忆"2566"

联想记忆：想象把二胡（25）斜靠在垃圾桶上，溜溜球（66）顺着二胡滚下来

第 4 个地点桩（垃圾桶）的记忆载点 H 记忆"3213"

联想记忆：想象垃圾桶里的一扇儿（32）对着衣裳（13）扇风

第 5 个地点桩（灭火器箱）的记忆载点 I 记忆"5680"

联想记忆：想象蜗牛（56）从消防箱底部爬出来，一直爬到箱子门上，再纵身一跳，跳到铁塔（80）上

第 5 个地点桩（灭火器箱）的记忆载点 J 记忆"9764"

联想记忆：想象拿一酒启（97）撬箱子上面的螺丝（64），螺丝"啪"的一声飞出去了

随机训练

请回忆 5 个地点桩所记忆的数字，如果有忘记或记忆模糊的，可以再看一遍。

请在下面写出 5 个地点桩所记的数字：

第 1 个地点桩的记忆载点 A 所记的数字：_____

第 1 个地点桩的记忆载点 B 所记的数字：_____

第 2 个地点桩的记忆载点 C 所记的数字：_____

第 2 个地点桩的记忆载点 D 所记的数字：_____

第 3 个地点桩的记忆载点 E 所记的数字：_____

第 3 个地点桩的记忆载点 F 所记的数字：_____

第 4 个地点桩的记忆载点 G 所记的数字：_____

第 4 个地点桩的记忆载点 H 所记的数字：_____

第 5 个地点桩的记忆载点 I 所记的数字：_____

第 5 个地点桩的记忆载点 J 所记的数字：_____

7.2　扑克牌记忆

扑克牌记忆分为 1 小时扑克牌、速记扑克牌，1 小时扑克牌记忆就是在 1 小时内尽可能多地记住多副扑克牌，以前记忆大师的标准是 1 小时内记忆 10 副扑克牌，现在则是 1 小时内记住 12 副；而速记扑克牌是只记一副扑克牌，以前记忆大师的标准是要在 2 分钟内记住一副，现在的标准是要在 1 分钟内记住，比赛标准越来越严格了。

扑克牌也是要编码化的，并不是直接记忆扑克牌的牌面花色，这样是根本记不住几张扑克牌的。扑克牌中除去大小王还有 52 张牌，那就是 52 个编码，可以根据每张牌的特点（如谐音或形象）而制定编码图像，也可以根据自己的喜好来制定扑克牌的编码。因为前面制定了数字编码，其过程还是很烦琐的，因为要不断修改，使其方便记忆，所以不建议单独制定扑克牌编码，我们可以把数字编码套用到扑克牌上，也就是每张扑克牌对应一个数字编码，但也不是随机套用的，按照数字的顺序和扑克牌的顺序来一一套用，前面已讲过扑克牌的编码，这里不再列举扑克牌编码了。

扑克牌的记忆其实就是数字的记忆，只不过表面上看到的是扑克牌，其"内心"就是数字编码。在记忆时看到扑克牌后，要立马在脑海中浮现出编码图像，中间不要想扑克牌所对应的数字，也不要在心里默念数字或编码的名称。初学者刚开始可能做不到这一步，先慢慢来，记住每张扑克牌所对应的编码，慢慢适应用记忆宫殿记忆一副牌的过程。笔者刚开始学习记忆宫殿时，就是先学的扑克牌记忆，第一次记一副扑克牌用了 30 多分钟，原本以为记了这么长时间能全部记住，结果回忆时错了一半多，而且回忆时间也有 20 分钟，其训练过程极其艰辛且相当枯燥，这十分考验人的毅力。

记忆扑克牌的方法和记忆数字的方法是一样的，这里就不再赘述。因为我们要记的扑克牌是 52 张，一般一个地点桩"放"两个编码，也就是两张扑克牌（初学者一个地点桩先记一张牌），那么记完一副扑克牌需要 26 个地点桩，但我们整理的房间中的地点桩一般都是 10 个，要记完一副扑克牌，需要 3 个房间，而且第三个房间只用到了 6 个地点桩，剩下的 4 个地点桩再用来记忆第二副扑克牌会显得有点乱：不知哪里是上一副牌的"尾巴"，哪里是下一副牌的"龙头"。但这 4 个地点桩不用，直接从第三个房间开始记忆第二副扑克牌，就会显得有点浪费。

所以可以整理一个有 13 个地点桩的房间，且每个地点桩都划分 2 个记忆载点，每个记忆载点记忆 2 张牌，这样一个房间就可以记一副（52 张）扑克牌，但这只是作为记忆扑克牌的专用桩，需要记几副扑克牌就准备几个这样的房间。

1 小时扑克牌记忆项目、快速扑克牌记忆项目比赛评分规则与记忆方法如表 7-7 所示。

表 7-7　评分规则与记忆方法

评分规则（1 小时扑克牌记忆项目）
1. 每副扑克牌全部正确得 52 分
2. 每副扑克牌出现 1 个错误（包括漏空）得 26 分
3. 每副扑克牌出现 2 个及以上错误（包括漏空）得 0 分
4. 如果最后一副扑克牌没有完成，且每一张牌都正确，每张牌得 1 分
5. 如果最后一副扑克牌没有完成，那么错误 1 张牌得一半分，错误 2 张牌及以上得 0 分
评分规则（快速扑克牌记忆项目）
1. 记录记忆时间
2. 核对扑克牌时，一旦出现错误，即停止计分
记忆方法
1. 熟悉扑克牌编码，熟悉记忆宫殿
2. 每个地点桩可联想记忆一张或两张扑克牌，也就是一个或两个扑克牌编码
3. 也可使用记忆载点记忆，每个记忆载点可记忆两张扑克牌，即每个地点桩记忆四张扑克牌

还记得前面的扑克牌编码吗？我们再回忆一遍，请快速写出下面扑克牌的编码。记住，不要回想扑克牌所对应的数字及编码名称。

红桃 3：＿＿＿＿＿＿＿＿＿＿＿

方块 2：＿＿＿＿＿＿＿＿＿＿＿

黑桃 1：＿＿＿＿＿＿＿＿＿＿＿

黑桃 Q：＿＿＿＿＿＿＿＿＿＿＿

红桃 8：＿＿＿＿＿＿＿＿＿＿＿

梅花 1：＿＿＿＿＿＿＿＿＿＿＿

黑桃 6：＿＿＿＿＿＿＿＿＿＿＿

红桃 7：＿＿＿＿＿＿＿＿＿＿＿

梅花 3：＿＿＿＿＿＿＿＿＿＿＿

方块 K：＿＿＿＿＿＿＿＿＿＿＿

请根据编码写出相应的扑克牌：

石榴：_____

红领巾：_____

耳机：_____

企鹅：_____

香烟：_____

芭蕉扇：_____

司仪：_____

司令：_____

方向盘：_____

挖机：_____

记忆举例 1

下面介绍每个地点桩记忆 1 张扑克牌，即记忆 1 个扑克牌编码，这适合初学者，不要求大家记住以下扑克牌，但一定要了解、掌握。

假设有以下 5 个地点桩：

自行车前篓子、自行车扶手、自行车坐垫、自行车后座、自行车脚踏板

记忆以下扑克牌：

梅花 3、红桃 9、黑桃 Q、方块 2、方块 4

具体训练如表 7-8 所示。

表 7-8　地点桩记忆训练表

内容
第 1 个地点桩（自行车前篓子）记忆"梅花 3" 梅花 3 编码：笔山 联想记忆：自行车前篓子上放一个很大的笔山，直接把篓子压扁了
第 2 个地点桩（自行车扶手）记忆"红桃 9" 红桃 9 编码：恶狗 联想记忆：自行车扶手上趴着一恶狗，恶狗就是掉不下来

续表

第 3 个地点桩（自行车坐垫）记忆"黑桃 Q"
黑桃 Q 编码：牛儿
联想记忆：自行车坐垫被一牛儿用牛角顶坏了
第 4 个地点桩（自行车后座）记忆"方块 2"
方块 2 编码：柿儿
联想记忆：自行车后座上放一柿儿，自行车一颠一颠地把柿儿颠成柿饼了
第 5 个地点桩（自行车脚踏板）记忆"方块 4"
方块 4 编码：石狮
联想记忆：自行车脚踏板上斜放着一石狮，把踏板给压断了

记忆举例 2

红桃 3、方块 2、黑桃 1、黑桃 Q

红桃 8、梅花 1、黑桃 6、红桃 7

我们用下图中的记忆宫殿记忆上面 8 张扑克牌。图中 4 个地点桩已标记好，按顺序记忆，一个地点桩记忆两张扑克牌。联想时，一定要在脑海中想象出图像。

具体训练如表 7-9 所示。

表 7-9　地点桩记忆训练表

第 1 个地点桩（门）记忆"红桃 3""方块 2" 红桃 3 编码：耳塞 方块 2 编码：柿儿 联想记忆：门把手上挂着一对耳塞，耳塞被塞进柿儿里
第 2 个地点桩（柜子）记忆"黑桃 1""黑桃 Q" 黑桃 1 编码：筷子 黑桃 Q 编码：牛儿 联想记忆：柜子里斜立着一双筷子，牛儿跑过去顶断筷子
第 3 个地点桩（椅子）记忆"红桃 8""梅花 1" 红桃 8 编码：耳扒 梅花 1 编码：挖机 联想记忆：一超大的耳扒斜靠在椅子上，挖机顺着耳扒爬到椅子上
第 4 个地点桩（桌子）记忆"黑桃 6""红桃 7" 黑桃 6 编码：石榴 红桃 7 编码：耳机 联想记忆：桌子上的石榴戴上耳机（耳机正好夹着石榴）
随机训练
请快速写出地点桩上所记的扑克牌： 第 4 个地点桩上所记的扑克牌：＿＿＿＿＿＿、＿＿＿＿＿＿ 第 1 个地点桩上所记的扑克牌：＿＿＿＿＿＿、＿＿＿＿＿＿ 第 3 个地点桩上所记的扑克牌：＿＿＿＿＿＿、＿＿＿＿＿＿ 第 2 个地点桩上所记的扑克牌：＿＿＿＿＿＿、＿＿＿＿＿＿

 记忆举例 3

下面介绍使用记忆载点记忆扑克牌，每个记忆载点记忆两张扑克牌，即记忆两个扑克牌编码。

使用下面的记忆载点图。

记忆以下扑克牌：

红桃 3、梅花 8、红桃 1、黑桃 9

方块 4、黑桃 7、红桃 6、梅花 1

梅花 3、方块 J、黑桃 5、红桃 Q

红桃 2、梅花 9、方块 6、红桃 7

黑桃 1、黑桃 Q、梅花 7、方块 7

具体训练如表 7-10 所示。

表 7-10　地点桩记忆训练表

第 1 个地点桩（椅子）的记忆载点 A 记忆"红桃 3""梅花 8"   联想记忆：想象耳塞（红桃 3）的一头绑在椅子脚上，另一头绑在沙发（梅花 8）上
第 1 个地点桩（椅子）的记忆载点 B 记忆"红桃 1""黑桃 9"   联想记忆：想象鳄鱼（红桃 1）爬到椅面上用衣钩（黑桃 9）勾桌布

续表

第 2 个地点桩（桌子）的记忆载点 C 记忆"方块 4""黑桃 7"

联想记忆：想象石狮（方块 4）靠在桌脚上，不小心没靠住，栽倒在地，并把仪器（黑桃 7）压坏了

第 2 个地点桩（桌子）的记忆载点 D 记忆"红桃 6""梅花 1"

联想记忆：想象溜冰鞋（红桃 6）在桌面上溜来溜去的，挖机（梅花 1）看不下去了，一铲子把溜冰鞋铲下去了

第 3 个地点桩（门）的记忆载点 E 记忆"梅花 3""方块 J"

联想记忆：想象门框边上的笔山（梅花 3）倒在书包（方块 J）里

第 3 个地点桩（门）的记忆载点 F 记忆"黑桃 5""红桃 Q"

联想记忆：想象门把手上的鹦鹉（黑桃 5）飞下来，用嘴啄企鹅（红桃 Q）

第 4 个地点桩（垃圾桶）的记忆载点 G 记忆"红桃 2""梅花 9"

联想记忆：想象对联（红桃 2）贴在垃圾桶壁上，对联一直拖到地上，然后把感冒药（梅花 9）一颗颗地粘在对联上

第 4 个地点桩（垃圾桶）的记忆载点 H 记忆"方块 6""红桃 7"

联想记忆：想象把一袋饲料（方块 6）全倒进垃圾桶里，倒完用袋子装耳机（红桃 7）

第 5 个地点桩（灭火器箱）的记忆载点 I 记忆"黑桃 1""黑桃 Q"

联想记忆：想象筷子（黑桃 1）斜放在灭火器箱子边，牛儿（黑桃 Q）顶断筷子

第 5 个地点桩（灭火器箱）的记忆载点 J 记忆"梅花 7""方块 7"

联想记忆：想象箱子上面站着一山鸡（梅花 7），山鸡用方向盘（方块 7）在箱子上面滚来滚去

随机训练

请回忆 5 个地点桩所记忆的扑克牌，如果有忘记或记忆模糊的，可以再看一遍。

请在下面写出 5 个地点桩所记的扑克牌：

第 1 个地点桩的记忆载点 A 所记的扑克牌：＿＿＿＿、＿＿＿＿

第 1 个地点桩的记忆载点 B 所记的扑克牌：＿＿＿＿、＿＿＿＿

第 2 个地点桩的记忆载点 C 所记的扑克牌：＿＿＿＿、＿＿＿＿

第 2 个地点桩的记忆载点 D 所记的扑克牌：＿＿＿＿、＿＿＿＿

第 3 个地点桩的记忆载点 E 所记的扑克牌：＿＿＿＿、＿＿＿＿

第 3 个地点桩的记忆载点 F 所记的扑克牌：＿＿＿＿、＿＿＿＿

第 4 个地点桩的记忆载点 G 所记的扑克牌：＿＿＿＿、＿＿＿＿

第 4 个地点桩的记忆载点 H 所记的扑克牌：＿＿＿＿、＿＿＿＿

第 5 个地点桩的记忆载点 I 所记的扑克牌：＿＿＿＿、＿＿＿＿

第 5 个地点桩的记忆载点 J 所记的扑克牌：＿＿＿＿、＿＿＿＿

7.3 词语记忆

词语分为具体名词和抽象词，前面的章节已讲解过抽象词转换成图像的方法，在世界记忆锦标赛的词语记忆项目中是随机产生的词语，既有具体名词，也有抽象词，有两个字的词语，也有三四个字的词语，但还是以两个字的词语为主。其中大约80%为具体名词，20%为抽象词。这些词语是由计算机随机产生的，以每页5列、每列20个词语排列，一页共100个随机词语（见表7-11）。

表7-11 随机词语表

1. 电脑	21. 医药箱	41. 领导	61. 显示器	81. 种类
2. 文件	22. 冰激凌	42. 司机	62. 牌子	82. 作业
3. 人民	23. 司号	43. 机器	63. 我们	83. 火机
4. 退出	24. 直尺	44. 大炮	64. 走路	84. 收音机
5. 水果	25. 植物	45. 手机	65. 亮光	85. 袋子
6. 电力	26. 工具	46. 拖鞋	66. 水管	86. 五星角
7. 花盆	27. 我们	47. 唱歌	67. 沙子	87. 银行
8. 汽车	28. 纸盒	48. 名师	68. 大衣	88. 电筒
9. 鳄鱼	29. 桌子	49. 墙	69. 哥哥	89. 地方
10. 机枪	30. 红旗	50. 把手	70. 毛巾	90. 打电话
11. 动作	31. 窗户	51. 玩具	71. 选购	91. 电子书
12. 葱	32. 结婚	52. 锦旗	72. 奇才	92. 电源
13. 喝茶	33. 小孩	53. 钻石	73. 票友	93. 苹果
14. 高兴	34. 颜色	54. 棒子	74. 消防栓	94. 叶片
15. 项链	35. 降落	55. 时钟	75. 强权	95. 光标
16. 油烟机	36. 失业	56. 野猪	76. 红灯	96. 渔村
17. 毛笔	37. 绿色	57. 好看	77. 耐心	97. 检票
18. 椅子	38. 海苔	58. 手指	78. 如何	98. 比赛
19. 船	39. 小学	59. 玻璃	79. 砚台	99. 铅球
20. 乐器	40. 主机	60. 书本	80. 手套	100. 家眷

记忆以上词语时，按照序号一列一列地记，不要一行一行地横向记忆词语，因为最终评分时是以每列的 20 个词语为基础进行的。初学者可以一个地点桩记忆一个词语，熟练后再一个地点桩记忆两个词语，这样一个房间 10 个地点桩就可以记忆一列词语。

接下来看一下评分规则与记忆方法（见表 7-12）。

表 7-12　词语记忆评分规则与记忆方法

词语记忆项目评分规则
1. 每列 20 个词语全正确，得 20 分
2. 每列 20 个词语中出现 1 个错误（或者漏空）得 10 分
3. 每列 20 个词语中出现 2 个及以上错误（或者漏空）得 0 分
4. 空白列不得分、不扣分
5. 如果最后一列没有全部填写完成，而每一个词语都正确，那么每个词语得 1 分
6. 如果最后一列没有全部填写完成，那么错误 1 个词语得 1.5 分，错误 2 个及以上得 0 分
记忆方法
1. 熟悉记忆宫殿，熟悉抽象词转换成图像的方法
2. 每个地点桩可记一个或两个词语

 记忆举例 1

下面介绍每个地点桩记忆 1 个词语，这适合初学者，不要求大家记住以下词语，但一定要了解、掌握。记忆以上随机词语表的第二列中序号 21 到序号 25 的词语。

假设有以下 5 个地点桩：

汽车引擎盖、汽车前挡风玻璃、汽车方向盘、汽车驾驶座椅、汽车左前门

具体训练如表 7-13 所示。

表7-13 地点桩记忆训练表

第1个地点桩（汽车引擎盖）记忆"医药箱" 联想记忆：汽车引擎盖被一医药箱砸扁，箱子里的药全掉在引擎盖上
第2个地点桩（汽车前挡风玻璃）记忆"冰激凌" 联想记忆：汽车前挡风玻璃上被糊上了冰激凌，什么也看不见了，不过好想舔一口
第3个地点桩（汽车方向盘）记忆"司号" 联想记忆：汽车方向盘前的驾驶员拿起司号吹起冲锋号
第4个地点桩（汽车驾驶座椅）记忆"直尺" 联想记忆：汽车驾驶座椅上有一直尺，我直接坐上去把直尺坐断了
第5个地点桩（汽车左前门）记忆"植物" 联想记忆：汽车左前门的玻璃上挂着一不明植物

 记忆举例 2

现在假设某房间里有以下10个地点桩：

门、鞋架、沙发、茶几、电视

花盆、壁柜、灯、空调、阳台

用以上10个地点桩记忆以上随机词语表中的第一列的编码为1~20的词语，一个地点桩"放"两个词语。

具体训练如表7-14所示。

表7-14 地点桩记忆训练表

第1个地点桩记忆"电脑""文件" 联想记忆：想象门上挂着一台电脑，从电脑里吐出很多文件
第2个地点桩记忆"人民""退出" 词语联想："人民"联想成图画书中的样子，"退出"联想成子弹从枪管里退出的画面 联想记忆：想象一两个人民（图画书中的样子）用脚蹬鞋架后，拿出枪，退出枪管里的子弹
第3个地点桩记忆"水果""电力" 词语联想："电力"联想成并排的多根输电线 联想记忆：想象把一篮水果扔在沙发上，但水果弹到输电线上，直接被电焦了
第4个地点桩记忆"花盆""汽车" 联想记忆：想象茶几一角上放着花盆，花盆掉下来砸到了玩具汽车

续表

第 5 个地点桩记忆 "鳄鱼" "机枪" 联想记忆：想象电视上有鳄鱼在咬机枪
第 6 个地点桩记忆 "动作" "葱" 词语联想："动作" 联想成李小龙踢腿的动作 联想记忆：想象李小龙站在花盆上，一脚踢飞一把葱
第 7 个地点桩记忆 "喝茶" "高兴" 词语联想："高兴" 联想成哈哈大笑的样子 联想记忆：想象躲在壁柜里喝茶，喝完就哈哈大笑
第 8 个地点桩记忆 "项链" "油烟机" 联想记忆：想象灯上缠绕着一项链，越缠越紧，直至灯炸了，项链被炸飞出去，飞到油烟机上，被油烟机吸进去了
第 9 个地点桩记忆 "毛笔" "椅子" 联想记忆：想象毛笔伸进空调里擦灰，但毛笔掉到椅子上了
第 10 个地点桩记忆 "船" "乐器" 联想记忆：想象有一小船从阳台冲出去，撞到下面的某一乐器

在脑海中联想成画面时，可以尽量简单化，一个简单的动作就可以。请回忆以上所记的词语，如有忘记的或记忆模糊的，请再看一遍巩固一下。

请写出每个地点桩所记的词语：

第 1 个地点桩上所记的词语：＿＿＿＿＿＿＿＿＿、＿＿＿＿＿＿＿＿＿

第 2 个地点桩上所记的词语：＿＿＿＿＿＿＿＿＿、＿＿＿＿＿＿＿＿＿

第 3 个地点桩上所记的词语：＿＿＿＿＿＿＿＿＿、＿＿＿＿＿＿＿＿＿

第 4 个地点桩上所记的词语：＿＿＿＿＿＿＿＿＿、＿＿＿＿＿＿＿＿＿

第 5 个地点桩上所记的词语：＿＿＿＿＿＿＿＿＿、＿＿＿＿＿＿＿＿＿

第 6 个地点桩上所记的词语：＿＿＿＿＿＿＿＿＿、＿＿＿＿＿＿＿＿＿

第 7 个地点桩上所记的词语：＿＿＿＿＿＿＿＿＿、＿＿＿＿＿＿＿＿＿

第 8 个地点桩上所记的词语：＿＿＿＿＿＿＿＿＿、＿＿＿＿＿＿＿＿＿

第 9 个地点桩上所记的词语：＿＿＿＿＿＿＿＿＿、＿＿＿＿＿＿＿＿＿

第 10 个地点桩上所记的词语：＿＿＿＿＿＿＿＿＿、＿＿＿＿＿＿＿＿＿

💡 **记忆举例 3** ▶

下面介绍使用记忆载点记忆词语，每个记忆载点记忆两个词语。

使用下面的记忆载点图。

记忆表 7-11 中的第三列的编码为 41~60 的词语，具体训练如表 7-15 所示。

表 7-15　地点桩记忆训练表

第 1 个地点桩（椅子）的记忆载点 A 记忆"领导""司机"。领导联想为大腹便便的中年男子形象，司机联想为一人手把方向盘的形象 　　联想记忆：想象领导坐在椅子腿横梁上，指着手把方向盘的人骂
第 1 个地点桩（椅子）的记忆载点 B 记忆"机器""大炮" 　　联想记忆：想象椅面有一制作炮弹的机器给大炮装弹
第 2 个地点桩（桌子）的记忆载点 C 记忆"手机""拖鞋" 　　联想记忆：想象桌脚压着一手机，拖鞋又上去踩几下

续表

第 2 个地点桩（桌子）的记忆载点 D 记忆"唱歌""名师"。唱歌联想为手拿话筒唱歌，名师联想为一手拿教鞭、一手拿书的名师 联想记忆：想象你自己手拿话筒站在桌子上唱歌，这时一手拿教鞭、一手拿书的名师走来制止你
第 3 个地点桩（门）的记忆载点 E 记忆"墙""把手" 联想记忆：想象门框边上又砌了一堵墙，并在墙上安装了一把手
第 3 个地点桩（门）的记忆载点 F 记忆"玩具""锦旗" 联想记忆：想象玩具熊推开门，拿走锦旗
第 4 个地点桩（垃圾桶）的记忆载点 G 记忆"钻石""棒子"。棒子联想为玉米棒子（注意：之所以不直接联想为棒子，是担心有的朋友在回忆时会想成棍子或球棒等，而玉米棒子是我们经常说的词语，不会和棍子或球棒混淆） 联想记忆：想象钻石在垃圾桶里，我不相信钻石会被扔在垃圾桶里，就拿玉米棒子敲了敲
第 4 个地点桩（垃圾桶）的记忆载点 H 记忆"时钟""野猪"。野猪联想为长有獠牙的野猪（注意：通常家猪是没有獠牙的，而野猪是有獠牙的，所以突出联想为长有獠牙的野猪，以示区分，以免回忆错误） 联想记忆：想象垃圾桶里的时钟一响，长有獠牙的野猪就跑过来吞食垃圾桶里的食物
第 5 个地点桩（灭火器箱）的记忆载点 I 记忆"好看""手指"。好看联想为竖起大拇指放在自己脸旁 联想记忆：想象我竖起大拇指放在自己脸旁，旁边的人不知道是什么意思，就伸出一根手指
第 5 个地点桩（灭火器箱）的记忆载点 J 记忆"玻璃""书本" 联想记忆：想象箱子上面放着一块玻璃，我拿书本猛砸玻璃

全部记忆完毕。请回忆 5 个地点桩所记忆的词语，如果有忘记或记忆模糊的，可以再看一遍。

请在下面写出 5 个地点桩所记的词语：

第 1 个地点桩的记忆载点 A 所记的词语：＿＿＿、＿＿＿

第 1 个地点桩的记忆载点 B 所记的词语：＿＿＿、＿＿＿

第 2 个地点桩的记忆载点 C 所记的词语：＿＿＿、＿＿＿

第 2 个地点桩的记忆载点 D 所记的词语：＿＿＿、＿＿＿

第 3 个地点桩的记忆载点 E 所记的词语：＿＿＿、＿＿＿

第 3 个地点桩的记忆载点 F 所记的词语：_____、_____

第 4 个地点桩的记忆载点 G 所记的词语：_____、_____

第 4 个地点桩的记忆载点 H 所记的词语：_____、_____

第 5 个地点桩的记忆载点 I 所记的词语：_____、_____

第 5 个地点桩的记忆载点 J 所记的词语：_____、_____

7.4 二制进记忆

二进制是用 0 和 1 表示的数，如 0110101001110101，这怎么记忆呢？不可能直接记忆 0 和 1，因为太多 0 和 1 了，肯定会混淆了。前面讲到二进制记忆是与数字编码有关联的，难道是记忆 01、10、11、00 等只有 0 或 1 的数字编码吗？这样也不行，因为相同的编码图像连线重复出现的次数太多，也会造成混淆。最好的办法是把二进制转换成十进制或十六进制，再每两个数字组成一个编码记忆。

具体评分规则如表 7-16 所示。

表 7-16 二进制记忆项目评分规则

1. 写满一行且完全正确得 30 分
2. 写满一行，但错误 1 个（或空白 1 个）得 15 分
3. 写满一行，但错误 2 个及以上（或空白 2 个及以上）得 0 分
4. 空白一行不得分、不扣分
5. 如果最后一行未写满，那么写对 1 个数字得 1 分，错误 1 个得一半分，错误 2 个及以上得 0 分

关于记忆方法，一共有两种，接下来分别予以介绍。

1. 第一种方法

二进制转换十进制

000 转换成 0

001 转换成 1

010 转换成 2

011 转换成 3

100 转换成 4

101 转换成 5

110 转换成 6

111 转换成 7

在记忆比赛中的二进制是由计算机随机生成的，每页 25 行，每行 30 个，也就是每页有 750 个二进制数。

如果是采用二进制转换十进制的方法，每行 30 个二进制数就能转换成 10 个十进制数，然后每两个十进制数可以转换成一个编码，也就是每行二进制数最终形成 5 个数字编码，这个方法只能用到 00 到 77 的数字编码。

例如：001101010000，001 转换成 1，101 转换成 5，010 转换成 2，000 转换成 0，最终转换成十进制数就是 1520，其中 15 的编码是鹦鹉，20 的编码是耳铃，这一串二进制数最终需要联想的内容是鹦鹉和耳铃，建议初学者使用这种方法。

记忆举例 1

下面介绍每个地点桩记忆 6 个二进制数，即记忆 1 个数字编码，这适合初学者，不要求大家记住以下二进制数，但一定要了解、掌握。

假设有以下两个地点桩：

铁锹、推土小车

记忆以下二进制数：

1 0 1 0 0 1 0 1 0 1 1 0

二进制转换：101 转换成 5，001 转换成 1，010 转换成 2，110 转换成 6。

最终记忆的十进制数：5126。

具体训练如表 7-17 所示。

表 7-17　地点桩记忆训练表

第 1 个地点桩（铁锹）记忆"101001"，即十进制数 51 联想记忆：铁锹铲到铁锤（51）上，铁锹的铲口都卷起来了
第 2 个地点桩（推土小车）记忆"010110"，即十进制数 26 联想记忆：推土小车顶着溜冰鞋（26）向前行

 记忆举例 2

下面介绍一个地点桩记忆 12 个二进制数，即记忆两个数字编码。

假设有以下 3 个地点桩：

台式风扇底座、台式风扇叶片罩、台式风扇叶片

记忆以下二进制数：

110100010111100100111101000101110010

二进制转换：110 转换成 6，100 转换成 4，010 转换成 2，111 转换成 7，100 转换成 4，100 转换成 4，111 转换成 7，101 转换成 5，000 转换成 0，101 转换成 5，110 转换成 6，010 转换成 2。

最终记忆的十进制数：642744750562。

具体训练如表 7-18 所示。

表 7-18　地点桩记忆训练表

第 1 个地点桩记忆"110100010111"，即十进制数 6427 联想记忆：在台式风扇底座上强行安装一螺丝（64），再把耳机（27）挂在上面
第 2 个地点桩记忆"100100111101"，即十进制数 4475 联想记忆：台式风扇叶片罩掉下来，砸裂石狮（44），石狮掉下来一块砸散积木（75）
第 3 个地点桩记忆"000101110010"，即十进制数 0562 联想记忆：台式风扇叶片上挂着一灵符（05），叶片一转，灵符被甩飞出去并打到牛儿（62）

请回忆以上所记的内容，并在下面写出所记的十进制数，并转换成最终的二进制数。

所记的十进制数：_____ 转换成二进制数：_____

 记忆举例 3

下面介绍使用记忆载点记忆二进制数，每个记忆载点记忆 12 个二进制数，即记忆两个数字编码。

使用下面的记忆载点图。

记忆以下二进制数：

101010111010101011001011010010101001011010100010

101110100100010101010100111010000001010010101011100

0101110111101010011111000

二进制转换：101010 转换成 52，111010 转换成 72，101011 转换成 53，001011 转换成 13，010010 转换成 22，101001 转换成 51，011010 转换成 32，100010 转换成 42，101110 转换成 56，100100 转换成 44，010101 转换成 25，010011 转换成 23，101000 转换成 50，000101 转换成 05，001010 转换成 12，101100 转换成 54，010111 转换成 27，011110 转换成 36，101001 转换成 51，111000 转换成 70。

具体训练如表 7-19 所示。

表 7-19　地点桩记忆训练表

第 1 个地点桩（椅子）的记忆载点 A 记忆"5272" 联想记忆：想象斧儿（52）劈断椅子下面的横梁，企鹅（72）跑过去又在断的横梁处跳了跳
第 1 个地点桩（椅子）的记忆载点 B 记忆"5313" 联想记忆：想象乌纱帽（53）挂在椅子靠背上，我甩动衣裳（13）把帽子打下来了
第 2 个地点桩（桌子）的记忆载点 C 记忆"2251" 联想记忆：想象对联（22）贴在桌脚上，再用锤子（51）敲一敲以固定住
第 2 个地点桩（桌子）的记忆载点 D 记忆"3242" 联想记忆：想象桌子上一扇儿（32）正在猛扇柿儿（42），估计想把柿儿扇成柿饼
第 3 个地点桩（门）的记忆载点 E 记忆"5644" 联想记忆：想象蜗牛（56）爬到门框上，门框倒下，连带蜗牛一起砸向石狮（44）
第 3 个地点桩（门）的记忆载点 F 记忆"2523" 联想记忆：想象门把手上挂着二胡（25），二胡的弦上绑着耳塞（23）来回拉，声音极其难听，我就用耳塞塞住耳朵了
第 4 个地点桩（垃圾桶）的记忆载点 G 记忆"5005" 联想记忆：想象垃圾桶下面压着五环（50），再在五环上贴上灵符（05）
第 4 个地点桩（垃圾桶）的记忆载点 H 记忆"1254" 联想记忆：想象垃圾桶里一婴儿（12）爬到桶口，拿出武士刀（54）砍开垃圾桶
第 5 个地点桩（灭火器箱）的记忆载点 I 记忆"2736" 联想记忆：想象耳机（27）掉在箱子底下，山鹿（36）用它的角慢慢地把耳机勾出来了
第 5 个地点桩（灭火器箱）的记忆载点 J 记忆"5170" 联想记忆：想象箱子上一锤子（51）掉下来砸到正准备展翅高飞的麒麟（70）

全部记忆完毕。请回忆 5 个地点桩所记忆的二进制数，如果有忘记或记忆模糊的，可以再看一遍。

请在下面写出 5 个地点桩所记的二进制数。

第 1 个地点桩的记忆载点 A 所记的十进制数：_____

转换成二进制数：_____

第 1 个地点桩的记忆载点 B 所记的十进制数：_____

转换成二进制数：_____

第 2 个地点桩的记忆载点 C 所记的十进制数：_____

转换成二进制数：_____

第 2 个地点桩的记忆载点 D 所记的十进制数：_____

转换成二进制数：_____

第 3 个地点桩的记忆载点 E 所记的十进制数：_____

转换成二进制数：_____

第 3 个地点桩的记忆载点 F 所记的十进制数：_____

转换成二进制数：_____

第 4 个地点桩的记忆载点 G 所记的十进制数：_____

转换成二进制数：_____

第 4 个地点桩的记忆载点 H 所记的十进制数：_____

转换成二进制数：_____

第 5 个地点桩的记忆载点 I 所记的十进制数：_____

转换成二进制数：_____

第 5 个地点桩的记忆载点 J 所记的十进制数：_____

转换成二进制数：_____

2. 第二种方法

二进制转换十六进制

0000 转换成 0

0001 转换成 1

0010 转换成 2

0011 转换成 3

0100 转换成 4

0101 转换成 5

0110 转换成 6

0111 转换成 7

1000 转换成 8

1001 转换成 9

1010 转换成 A

1011 转换成 B

1100 转换成 C

1101 转换成 D

1110 转换成 E

1111 转换成 F

如果是采用二进制转换十六进制的方法，每行 30 个二进制数要想转换成 8 个十六进制数，还缺少两个二进制数，这样显然行不通。其实可以先将每行前面的 24 个二进制数转换成 6 个十六进制数，这 6 个十六进制数可以转换成 3 个数字编码，这一行还剩下 6 个二进制数，正好可以转换成 2 个十进制数，这 2 个十进制数可以转换成一个数字编码，这样每行能转换成 4 个数字编码。

我们发现，二进制数转换成十六进制数时，有时会转换成字母，单独一个字母可以用字母编码，但如果转换出两个字母，或一个数字和一个字母组合，怎么处理呢？

每 8 个二进制数转换成十六进制数会出现以下情况：

A1 或 1A 或 AB 或 BA 等

对于出现这样的情况，如果单纯按照数字编码是无法完全记忆的，因此只能再另行整理适合这种情况的编码：字母与数字的组合编码、字母与字母的组合编码。例如字母 A 前后都可以搭配数字 0~9，那就是一个字母与 10 个数字可以有 20 个组合，这里总共有 6 个字母，就是共有 120 个字母与数字的组合；字母与字母的组合有 36 个，因此这个方法总共能生成 156 个编码。

这个方法只是在前期准备的编码比较多，但熟悉这一套编码后，记忆速度能提高很多，大家可以根据自己的情况选择。建议初学者不要使用这个方法。

7.5 虚拟历史记忆

在记忆比赛中，需要从虚拟历史年代的事件中提取关键字词，再将年代转换成数字编码并与关键字词串联在一起，但毕竟是比赛，在做到记得准的情况下，还要速度快，而从事件中提取关键字词是有一个提取并转换出图过程的，这个过程会使记忆速度减慢，所以要尽量做到没有提取的过程。

有的虚拟历史可以直接使用事件开头的前一两个字词，再与数字编码进行串联。在实际操作中，可能会遇到某个事件开头的前一两个字词太过抽象，很难想象成较好的图像，而在事件中间或结尾正好有一个十分容易想象出图像的具体名词，这种情况就可以提取中间的具体名词，具体情况具体对待。

在比赛中，虚拟的年代和虚拟的事件是没有重复的，所以不用担心只记忆一两个字词会产生重复、混淆的情况。具体规则与记忆方法如表 7-20 所示。

表 7-20 虚拟历史记忆项目评分规则与记忆方法

虚拟历史记忆项目评分规则
1. 每写对一个年份得 1 分（4 位数字必须都正确）
2. 错误一个年份倒扣 0.5 分
3. 空白行数不得分、不扣分
4. 总分为负数以 0 分计算
5. 总分四舍五入，即 45.5 分会调高至 46 分
6. 如出现相同分数以出现错误少者取胜
记忆方法
1. 熟悉数字编码，年代用数字编码记忆
2. 提取事件中的关键词，或直接提取事件开头的第一个字词
3. 将关键词与年代所对应的数字编码进行串联记忆

第一种形式：使用事件开头字词，如表 7-21 所示。

表 7-21 使用事件开头字词举例

1538 年 本书作者登基称帝 数字编码："15"的数字编码是鹦鹉，"38"的数字编码是沙发 联想记忆：鹦鹉飞到沙发上，用爪子抓书
1828 年 外星人攻打地球 数字编码："18"的数字编码是腰包，"28"的数字编码是耳扒 联想记忆：在腰包放一个耳扒，挂到外星人身上
1006 年 猪肉短缺，引起价格上涨 数字编码："10"的数字编码是棒球，"06"的数字编码是滑板 联想记忆：拿着球棒驱赶滑板去拖猪肉
1116 年 校园卡丢失 数字编码："11"的数字编码是筷子，"16"的数字编码是石榴 联想记忆：筷子戳进石榴里，再用来砸校园卡
1279 年 跳伞运动员在跳伞失败的情况下存活 数字编码："12"的数字编码是婴儿，"79"的数字编码是气球 联想记忆：婴儿拿着气球放到跳伞运动员身上

续表

随机训练
以上的虚拟历史年代记住了吗？如果忘记或记忆模糊，可以再重新记忆一遍。 请写出相应的年代： ＿＿＿＿＿＿＿＿＿＿ 年　外星人攻打地球 ＿＿＿＿＿＿＿＿＿＿ 年　本书作者登基称帝 ＿＿＿＿＿＿＿＿＿＿ 年　猪肉短缺，引起价格上涨 ＿＿＿＿＿＿＿＿＿＿ 年　跳伞运动员在跳伞失败的情况下存活 ＿＿＿＿＿＿＿＿＿＿ 年　校园卡丢失

第二种形式：提取关键字词，如表 7–22 所示。

表 7–22　提取关键字词举例

1490 年　人民在踢足球 数字编码："14"的数字编码是钥匙，"90"的数字编码是酒瓶 联想记忆：钥匙放进酒瓶里，再用酒瓶击打足球
1636 年　我研发的导弹成功发射 数字编码："16"的数字编码是石榴，"36"的数字编码是山鹿 联想记忆：石榴籽洒在山鹿身上，吓跑山鹿，山鹿撞到了导弹
1918 年　有人把水瓶绑在背上 数字编码："19"的数字编码是衣钩，"18"的数字编码是腰包 联想记忆：用衣钩勾腰包，一不小心腰包里的水瓶掉出来了
1532 年　主人江边溜乌龟 数字编码："15"的数字编码是鹦鹉，"32"的数字编码是扇儿 联想记忆：鹦鹉叼着扇儿给乌龟扇风
1424 年　动物园里只剩下一只长颈鹿了 数字编码："14"的数字编码是钥匙，"24"的数字编码是闹钟 联想记忆：钥匙插到闹钟上，一拧动，闹钟响起，吓得长颈鹿伸长颈子查看
随机训练
以上的虚拟历史年代记住了吗？如果忘记或记忆模糊，可以再重新记忆一遍。 请写出相应的年代： ＿＿＿＿＿＿＿＿＿＿ 年　人民在踢足球 ＿＿＿＿＿＿＿＿＿＿ 年　主人江边溜乌龟 ＿＿＿＿＿＿＿＿＿＿ 年　我研发的导弹成功发射 ＿＿＿＿＿＿＿＿＿＿ 年　动物园里只剩下一只长颈鹿了 ＿＿＿＿＿＿＿＿＿＿ 年　有人把水瓶绑在背上

7.6 其他记忆项目

除了以上所介绍的记忆项目，还有人名头像、数字听记、抽象图 3 个记忆项目，接下来简单地介绍这 3 个项目。

（1）人名头像，需要记忆人名与头像，在记忆比赛中是头像在上方，下方是人名，要将头像与人名相对应记忆。作答时，会将头像打乱显示，需根据头像写出相对应的人名。人名头像的记忆方法就是根据头像的特点联想出图像，并以此图像为记忆桩，将该记忆桩与人名进行联想记忆。

人名是可以提前编码的，常见的姓氏、名都可以直接编码，方便快速记忆。虽说是"百家姓"，但中国人的姓氏不止 100 个，我们只需整理出比赛中常出现的姓氏的编码即可；对于中国人名，因为随机性太大了，根本无法预知会用哪些汉字，所以也可以整理名中常用的汉字的编码，但不能做到面面俱到。比赛时出现没有编码的名，只能现场发挥了。外国人姓名也可以提前编码，虽然外国人姓名翻译成中文有很多字，但外国人的姓和名基本都是固定的，如夏洛克，这 3 个字就是一个固定的"组合"，所以可以把外国人的姓或名进行编码。

除了把人名编码化，也可以直接逐字联想，如谐音联想、拆分联想等，如果要记的姓名与某一熟人的姓名相似，那么也可以记忆成这个熟人。

关于头像记忆，除了头像本身，可以观察头像这个图像，如：头像是歪的；头像不在整张图画中；图画中一边肩膀多点，一边肩膀少点；图画中上半身显示得多一些；图画中的人物稍微有点侧着身体；图画中人物的肩膀一边高一边低；等等。

还可以注意头像中身体部位的不同，如：有的头发是卷曲的；有的耳朵是向后倒的；有的喉结比较大；嘴唇上涂的口红比较重；有斗鸡眼；下巴特别尖；脑袋特别大；等等。还可以观察装饰品，如：有戴帽子的；有戴耳环的；有戴项链的；有的衣服上有花纹的；有的戴围巾；有的露肩；等等。要善于抓住头像中不同的特点来记忆。

具体评分规则如表 7-23 所示。

表 7-23　人名头像记忆项目评分规则

1. 姓氏与名字都正确得 2 分
2. 姓氏正确得 1 分，名字正确得 1 分
3. 姓氏或名字错误或不填写，不得分、不扣分

（2）数字听记其实就是数字的记忆，只是数字不是显示在纸张上的，而是用音频播报的，并且是用英语播报数字。我们需要将英文数字转换成数字编码，对于母语非英语的人来说有一定难度，需要不断地强化训练。

具体评分规则如表 7-24 所示。

表 7-24　数字听记项目评分规则

1. 从第一个数字开始，每正确一个数字得 1 分
2. 如果出现一个错误，将不再计分，前面的计分为最终分数

（3）抽象图的记忆方法可以采用前面章节所讲的图像联想记忆方法，即需要自行将抽象图联想出具体的图像。

比赛中抽象图记忆试卷的每页有 10 行抽象图形，一行 5 个。需记住每行 5 个抽象图的顺序，但无须记住每行的顺序，也就是说可以不用记忆其中某一整行。回忆试卷也是每页有 10 行抽象图，一行 5 个，但每行中的 5 个抽象图是打乱的，而每行的顺序和原来的记忆试卷的行顺序是一样的。需在每行的每个抽象图下面写上其原来的位置顺序，只能填写 1 到 5。

因为图形是抽象的，不是现实生活中某物体的图形，所以抽象图乍一看根本不知道是什么，这就需要我们发挥自己的想象力，看着感觉像什么就想象成什么，然后再使用记忆方法将其记住。

首先观察抽象图的整体形状，有的抽象图有五个角，就可以想象成五星角；有的抽象图有很多"触角"，就可以想象成多脚的虫；有的抽象图看着像残缺的面具，就

可以想象成一个面具；等等。

如果整体形状看不出来，可以再观察抽象图的纹理或局部，有的纹理像鱼鳞，就可以想象成一条鱼；有的纹理像一面墙，就可以想象成墙；有的纹理像麻袋，就可以想象成麻袋；有的纹理像几种不同颜色的油漆混合在一起，就可以想象成一桶有各种颜色的油漆；有的纹理像昆虫的外壳，就可以想象成相应的昆虫；等等。

还可以再观察抽象图的局部，有的局部像张开的嘴或脚，就可以想象成嘴或脚；有的局部有尖尖的角，就可以想象成带角的物品，如角尺；有的中间有一个或多个圆形的或不规则的孔洞，就可以想象成带孔洞的物品；等等。

还可以根据独一性的特点想象记忆，如某一行中的 5 个抽象图，只有一个抽象图没有想象成具体的图像，并且这个抽象图具有一个与本行中其他 4 个不一样的特点（可以是整体特点，也可以是局部特点），那么就可以直接"拿出"这个特点，"放大"这个特点，把这个特点直接当成一个奇异的物品，在脑海中形成图像并记住，这个需要具备强大的想象力和创造力，需要慢慢积累经验。总而言之，你觉得这个抽象图长得像什么，就可以想象成那个东西。

在比赛中记忆抽象图时是讲究策略的，如果某一行中有两个以上的抽象图想象不出具体图像了，就可以放弃这一行，直接跳到下一行重新记忆。还可以只记忆每行中的前 4 个抽象图，第 5 个不用记了，但要确保能准确记住前 4 个。

记忆每行中的 5 个抽象图可以直接按顺序串联，也可用记忆宫殿。笔者在以前的训练中，基本是把每行中的 5 个抽象图想象成具体图形，再按顺序串联起来，这样比较快，也比较省事，无须地点桩，但也是有缺点的，如果有相似的抽象图，就有可能混淆，或产生不确定性，另外一次性记了太多行的抽象图，而且没有回忆复习过，最容易造成记忆模糊。用记忆宫殿记忆抽象图可以较好地解决这些问题，但也需要多练习。

具体评分规则如表 7-25 所示。

表 7-25　抽象图记忆项目评价规则

1. 每行全对得 5 分
2. 每行中错误 1 个及以上（或者漏填 1 个及以上），倒扣 1 分
3. 本行未填写不得分、不扣分
4. 总分为负数以 0 分计算

第 8 章

记忆宫殿应用 2：
最强大脑记忆项目

————

以愉快的心情学得的，会永远记着。——马什

8.1 二维百家姓

在《最强大脑》中的二维空间挪移百家姓是一个令人惊奇、兴奋的项目，笔者虽然不知节目中的具体方法，但在不断推演中找到了一些规律。下面从最简单的 2×2 百家姓开始拆解这个项目。

1. 2×2 百家姓

2×2 百家姓如下。

在节目中，先按表格形式记住表格中所示姓氏，其记忆方法仍是记忆宫殿，然后再进行行与行、列与列的调换。

先将行与行调换，因是 2×2 的方格，只能将 1 行与 2 行对调。

调换后的 2×2 百家姓如下。

	A	B
1	丁	梅
2	郭	黄

调换后的 A1 是"丁"，而没有调换前的"丁"处在 A2 位置上。调换前的 A2 与调换后的 A1 是有相同点的，也就是 A 列始终不变，不同点是 2 行与 1 行对调了。

接着，把上面那段反过来表述。

假设我们已用记忆宫殿记住调换前的二维百家姓，然后将 1 行与 2 行对调。请问，对调后 A1 是什么姓氏？

因为 A 列与 B 列没有对调，所以 A 列不变；1 行与 2 行对调过，那么对调后的

1 行其实就是对调前的 2 行，对调后的 A1 就是对调前的 A2。先前已假设记住了对调前的二维百家姓，此时只需回忆出对调前的 A2 是哪个姓氏，这个姓氏就是对调后的 A1。

下面在行与行对调的基础上，接着将列与列对调，因是 2×2 的方格，只能将 A 列与 B 列进行位置对调。

对调后的 2×2 百家姓如下。

	A	B
1	梅	丁
2	黄	郭

对调后的 B2 是"郭"，而没有对调前的"郭"是处在 A1 的位置上的，大家有没有明白其中的原理？

同样，再把上面那段反过来表述。

假设我们已用记忆宫殿记住对调前的二维百家姓，然后将 1 行与 2 行对调，再将 A 列与 B 列对调。请问，对调后 B2 是什么姓氏？

因 A 列与 B 列对调过，所以两次对调后的 B 列就是调换前的 A 列；因 1 行与 2 行对调过，所以两次对调后的 2 行就是调换前的 1 列，即两次对调后的 B2 就是调换前的 A1，而调换前的 A2 是"郭"，那么两次对调后的 B2 就是"郭"。

以上就是二维空间挪移的原理，明白这个原理后，下面我们就运用记忆宫殿来训练二维空间挪移百家姓这个项目。

训练步骤如下。

	A	B
1	胡	石
2	严	周

将 A 列与 B 列对调，再将 1 行与 2 行对调。请问，对调后的 A2 与 B1 分别是什么姓氏？

第一步：创造两组记忆宫殿，一组命名为 A 房间，另一组命名为 B 房间，每个房间里分别有两个地点桩，具体如下。

A 房间：床、床头柜。

B 房间：电脑桌、背靠椅。

第二步：利用一位数编码和字母编码记忆对调信息，A 列与 B 列对调，则将 A 与 B 的字母编码进行联想，即苹果上插着一支笔；1 行与 2 行对调，则将 1 与 2 的数字编码进行联想，即用棍子驱赶鹅。

因是 2×2 的二维百家姓，其行与行、列与列均对调过，所以这里可以不用记忆对调信息，但 2×2 以上的二维百家姓需要记忆对调信息，如 3×3、5×5 等。

第三步：运用前面临时创造的记忆宫殿记忆对调前的百家姓，A 房间的地点桩依次记忆 A 列的百家姓，B 房间的地点桩依次记忆 B 列的百家姓。

另外，还要熟记百家姓的编码，其中，胡的编码是二胡，严的编码是盐，石的编码是石头，周的编码是舟。

A 房间的第一个地点桩是床，用来记忆 A 列的第一个百家姓胡，即想象床上有一把二胡；A 房间的第二个地点桩是床头柜，用来记忆 A 列的第二个百家姓严，即想象床头柜上撒满了盐。

B 房间的第一个地点桩是电脑桌，用来记忆 B 列的第一个百家姓石，即想象电脑桌上压着一块和桌子一样大的石头；B 房间的第二个地点桩是背靠椅，用来记忆 B 列的第二个百家姓周，即想象背靠椅被舟冲倒。

第四步：回忆所记的信息，找出答案。

对调后的 A2 与 B1 分别是什么姓氏？

回想 A 列是否对调过。A 的编码是苹果，苹果上插着一支笔，说明 A 列与 B 列对调过。那么，暂时将 A2 中的 A 列换成 B 列，即 B2。

接着回想 2 行是否对调过。2 的编码是鹅，鹅被棍子驱赶了，说明 2 行与 1 行对调过。那么，上面的 B2 中的 2 行可以换成 1 行，即 B1。

即，对调后的 A2 就是对调前的 B1，而 B1 所对应的是 B 房间的第一个地点桩，

B 房间的第一个地点桩所联想的内容是电脑桌上压着一块大石头，而石头是百家姓石的编码，所以对调后的 A2 的百家姓是石。

同理，对调后的 B1 就是对调前的 A2，即对调后的 B1 的百家姓是严。

2. 3×3 百家姓

3×3 百家姓如下。

	A	B	C
1	蔡	童	易
2	于	白	侯
3	杨	高	吴

将 A 列与 C 列对调，再将 1 行与 3 行对调。请问，对调后的 A3、B1、B2、C2 分别是什么姓氏？

第一步：临时创造三组记忆宫殿，第一组命名为 A 房间，第二组命名为 B 房间，第三组命名为 C 房间，每个房间里分别有三个地点桩，具体如下。

A 房间：汽车引擎盖、汽车前挡风玻璃、汽车驾驶座椅。

B 房间：自行车前篓子、自行车扶手、自行车坐垫。

C 房间：坦克履带、坦克炮塔、坦克炮管。

第二步：利用一位数编码和字母编码记忆对调信息，A 列与 C 列对调，则将 A 与 C 的字母编码进行联想，即苹果砸中月亮；1 行与 3 行对调，则将 1 与 3 的数字编码进行联想，即用棍子撬动山。

第三步：运用前面临时创造的记忆宫殿记忆对调前的百家姓，A 房间的地点桩依次记忆 A 列的百家姓，B 房间的地点桩依次记忆 B 列的百家姓，C 房间的地点桩依次记忆 C 列的百家姓。

在百家姓编码中，蔡的编码是青菜，于的编码是芋头，杨的编码是羊，童的编码是童车，白的编码是白板，高的编码是高跷，易的编码是易拉罐，侯的编码是猴子，吴的编码是蜈蚣。

A 房间的第一个地点桩是汽车引擎盖，用来记忆 A 列的第一个百家姓蔡，即想象引擎盖全是烂青菜；A 房间的第二个地点桩是汽车前挡风玻璃，用来记忆 A 列的第二个百家姓于，即想象汽车前挡风玻璃被芋头砸碎，玻璃上还有白色的芋头；A 房间的第三个地点桩是汽车驾驶座椅，用来记忆 A 列的第三个百家姓杨，即想象汽车驾驶座椅上坐着羊。

B 房间的第一个地点桩是自行车前篓子，用来记忆 B 列的第一个百家姓童，即想象自行车前篓子被童车撞上了；B 房间的第二个地点桩是自行车扶手，用来记忆 B 列的第二个百家姓白，即想象扶手上放一块白板；B 房间的第三个地点桩是自行车坐垫，用来记忆 B 列的第三个百家姓高，即想象有人在自行车坐垫上踩高跷。

C 房间的第一个地点桩是坦克履带，用来记忆 C 列的第一个百家姓易，即想象坦克履带压扁易拉罐；C 房间的第二个地点桩是坦克炮塔，用来记忆 C 列的第二个百家姓侯，即想象坦克炮塔里窜出一只猴子；C 房间的第三个地点桩是坦克炮管，用来记忆 C 列的第三个百家姓吴，即想象坦克炮管上趴着一只巨大的蜈蚣。

第四步：回忆所记的信息，找出答案。

对调后的 A3、B1、B2、C2 分别是什么姓氏？大家可以不看下面的答案，先自行回忆出相应的姓氏。

因 A 列与 C 列对调过，暂时将 A3 中的 A 列换成 C 列，即 C3；因 1 行与 3 行对调过，则将刚才得到的 C3 中的 3 行换成 1 列，最终是 C1。

即，对调后的 A3 就是对调前的 C1，而 C1 所对应的是 C 房间的第一个地点桩，C 房间的第一个地点桩所联想的内容是坦克履带压扁易拉罐，所以对调后的 A3 的姓氏是易。

因 B 列未对调过，所以 B 列不变；因 1 行与 3 行对调过，则将 B1 中的 1 行换成 3 行，最终是 B3。

即，对调后的 B1 就是对调前的 B3，而 B3 所对应的是 B 房间的第一个地点桩，B 房间的第一个地点桩所联想的内容是有人在自行车坐垫上踩高跷，所以对调后的 B1 的姓氏是高。

因 B 列未对调过，所以 B 列不变；因 2 行未对调过，所以 2 行也不变；所以 B2 也不变，即对调后的 B2 就是对调前的 B2，则 B2 的姓氏是白。

因 C 列与 A 列对调过，暂时将 C2 中的 C 列换成 A 列，即 A2；因 2 行未对调过，所以最终是 A2。

即，对调后的 C2 就是对调前的 A2，对调前的 A2 的姓氏是于，则对调后的 C2 的姓氏就是于。

以上就是 3×3 二维空间挪移百家姓，其原理和 2×2 百家姓是一样的，关键是记住二维的百家姓和转换信息。只要掌握记忆宫殿和转换奥秘，并加以训练，谁都可以玩转这个项目。

3. 4×4 百家姓

下面是 4×4 二维空间挪移百家姓，这里简单说明，大家跟着步骤做。

	A	B	C	D
1	纪	许	罗	陶
2	郑	金	毛	史
3	唐	周	秦	骆
4	孔	朱	韩	黄

将 A 列与 C 列对调，将 B 列与 D 列对调，将 1 行与 4 行对调，将 2 行与 3 行对调。请问，对调后的 A1、B2、C3、D4 分别是什么姓氏？

第一步：利用四组记忆宫殿分别记忆各列百家姓，第一组命名为 A 房间，第二组命名为 B 房间，第三组命名为 C 房间，第四组命名为 D 房间，每个房间里分别有四个地点桩，具体如下。

A 房间：鼠标、键盘、显示器、主机。

B 房间：茶盖、茶杯、电水壶、水瓶。

C 房间：拖拉机车头、拖拉机扶把、拖拉机车座、拖拉机车斗。

D 房间：挖掘机铲斗、挖掘机机械臂、挖掘机驾驶室、挖掘机烟囱。

第二步：利用一位数编码和字母编码记忆对调信息，简单联想即可。A 列与 C 列对调，则将 A 与 C 的字母编码进行联想，即苹果砸中月亮；B 列与 D 列对调，则将 B 与 D 的字母编码进行联想，即用笔弹大提琴；1 行与 4 行对调，则将 1 与 4 的数字编码进行联想，即用棍子戳破船帆；2 行与 3 行对调，则将 2 与 3 的数字编码进行联想，即鹅进山里溜达。

第三步：运用前面的记忆宫殿记忆对调前的百家姓，A 房间的地点桩依次记忆 A 列的百家姓，B 房间的地点桩依次记忆 B 列的百家姓，C 房间的地点桩依次记忆 C 列的百家姓，D 房间的地点桩依次记忆 D 列的百家姓。

A 房间的第一个地点桩是鼠标，用来记忆 A 列的第一个百家姓纪，即想象鼠标线缠住大烟袋；A 房间的第二个地点桩是键盘，用来记忆 A 列的第二个百家姓郑，即想象键盘上压着一本毕业证；A 房间的第三个地点桩是显示器，用来记忆 A 列的第三个百家姓唐，即想象显示器上挂着唐三彩；A 房间的第四个地点桩是主机，用来记忆 A 列的第四个百家姓孔，即想象主机里有一孔明灯一闪一闪的。

B 房间的第一个地点桩是茶盖，用来记忆 B 列的第一个百家姓许，即想象用茶盖盖住许愿瓶；B 房间的第二个地点桩是茶杯，用来记忆 B 列的第二个百家姓金，即想象茶杯里有一块金牌；B 房间的第三个地点桩是电水壶，用来记忆 B 列的第三个百家姓周，即想象电水壶里有一缩小版的小舟在漂荡；B 房间的第四个地点桩是水瓶，用来记忆 B 列的第四个百家姓朱，即想象把水瓶里的开水倒在猪头上。

C 房间的第一个地点桩是拖拉机车头，用来记忆 C 列的第一个百家姓罗，即想象已发动的拖拉机车头上的萝卜被蒸熟了；C 房间的第二个地点桩是拖拉机扶把，用来记忆 C 列的第二个百家姓毛，即想象拖拉机扶把上绑着很多毛线；C 房间的第三个地点桩是拖拉机车座，用来记忆 C 列的第三个百家姓秦，即想象拖拉机车座上站着一个兵马俑；C 房间的第四个地点桩是拖拉机车斗，用来记忆 C 列的第四个百家姓韩，即想象拖拉机车斗里全是韩国泡菜。

D 房间的第一个地点桩是挖掘机铲斗，用来记忆 D 列的第一个百家姓陶，即想象挖掘机铲斗把陶罐拍碎；D 房间的第二个地点桩是挖掘机机械臂，用来记忆 D 列的第二个百家姓史，即想象有人坐在挖掘机机械臂上看史籍；D 房间的第三个地点桩是挖掘机驾驶室，用来记忆 D 列的第三个百家姓骆，即想象挖掘机驾驶室被骆驼顶翻了；D 房间的第四个地点桩是挖掘机烟囱，用来记忆 D 列的第四个百家姓黄，即想象挖掘机烟囱把大黄鸭熏黑了。

第四步：回忆所记的信息，找出答案。准确回忆对调信息，不要替换错行或列。

因 A 列与 C 列对调过，1 行与 4 行对调过，则将对调后的 A1 全部替换，就是对调前的 C4，对调前的 C4 的姓氏是韩，那么对调后的 A1 的姓氏就是韩。

因 B 列与 D 列对调过，2 行与 3 行对调过，则将对调后的 B2 全部替换，就是对调前的 D3，对调前的 D3 的姓氏是骆，那么对调后的 B2 的姓氏就是骆。

因 A 列与 C 列对调过，2 行与 3 行对调过，则将对调后的 C3 全部替换，就是对调前的 A2，对调前的 A2 的姓氏是郑，那么对调后的 C3 的姓氏就是郑。

因 B 列与 D 列对调过，1 行与 4 行对调过，则将对调后的 D4 全部替换，就是对调前的 B1，对调前的 B1 的姓氏是许，那么对调后的 D4 的姓氏就是许。

4. 5×5 百家姓

下面是 5×5 二维空间挪移百家姓，这里不做详细说明，大家跟着步骤做即可。

	A	B	C	D	E
1	关	詹	李	林	肖
2	范	卢	呙	蒋	严
3	江	梅	梁	谢	杨
4	胡	夏	岳	薛	方
5	孙	彭	柳	陈	田

将 A 列与 B 列对调，将 D 列与 E 列对调，将 1 行与 5 行对调，将 2 行与 4 行对调。请问，对调后的 A1、B2、C3、D4、E5 分别是什么姓氏？

第一步：利用五组记忆宫殿分别记忆各列百家姓，可以临时创建，但要方便临时记忆，也可以用已创建好的。

第二步：利用一位数编码和字母编码记忆对调信息，简单联想即可。

第三步：运用前面的记忆宫殿记忆对调前的百家姓，姓名编码见前面章节。

第四步：回忆所记的信息，找出答案。准确回忆对调信息，不要替换错行或列。

下面请自行填写百家姓，自行训练，可以试着直接尝试 6×6 的二维百家姓，挑战自我。

3×3 百家姓。

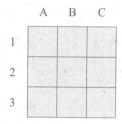

4×4 百家姓。

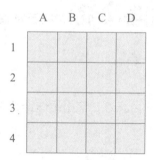

5×5 百家姓。

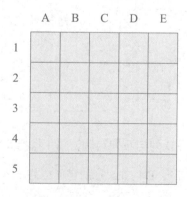

6×6 百家姓。

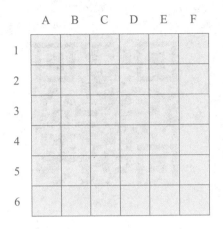

8.2 二维码

在《最强大脑》中有一个看似"无意义"的项目，就是二维码与数字记忆。之所以说无意义，是因为二维码是随机生成的由多个小方格组成的图像，想记住这样的图像，基本是不可能的。那《最强大脑》上的选手是如何记忆的，这个我们无从得知，下面提供两种方法供大家参考学习。第一种方法是观察法，第二种方法是数数法，两种方法都有利有弊。

1. 观察法

观察法是把二维码看成抽象图，利用抽象图转换的方法，查看二维码的整体或局部等像什么物品或场景，以此物品或场景为记忆桩，再进行联想记忆。这个方法需要强大的联想能力，否则联想不出任何有意义的图像。另外要注意第一感觉，感觉像什么图像就用来记忆，如果实在看不出，可用数数法。

4378

查看：在二维码的右边有一个部分像数字 3，又像一只展翅飞翔的鸟，其下面像矗立着一根木桩子。

我们可以此为记忆桩，和二维码下面的 4 个数字联想记忆。其中，43 的数字编码是石山，78 的数字编码是青蛙。

联想记忆：一只鸟从木桩上飞离，落在石山上，石山倒下砸到青蛙。

0207

查看：在二维码的右边有一只手捏着一个小方块。

我们可以此为记忆桩，和二维码下面的 4 个数字联想记忆。其中，02 的数字编码是铃儿，07 的数字编码是令旗。

联想记忆：那只手一松开，小方块掉下砸到铃儿，铃儿发出响声，我听到铃声就挥动令旗。

6079

查看：在二维码的左边像有一人跪倒并双手撑地。

我们可以此为记忆桩，和二维码下面的 4 个数字联想记忆。其中，60 的数字编码是榴梿，79 的数字编码是气球。

联想记忆：跪倒的那人用头顶榴梿，榴梿滚动并扎破气球。

5657

查看：在二维码的上方有一竖线插入一方框里，就像一根树枝插入方盒里。

我们可以此为记忆桩，和二维码下面的 4 个数字联想记忆。其中，56 的数字编码是蜗牛，57 的数字编码是武器（手枪）。

联想记忆：树枝插入方盒里，但不稳，整体倒下，砸到蜗牛，吓得蜗牛掏出随身手枪。

8081

查看：在二维码的下方有一反着的字母 L 和形似楼梯的图案。

我们可以此为记忆桩，和二维码下面的 4 个数字联想记忆。其中，80 的数字编码是（巴黎）铁塔，81 的数字编码是白蚁。

联想记忆：L 站在楼梯上，突然楼梯倒塌，砸倒铁塔，铁塔倒地，震飞白蚁。

记忆举例 6

7231

查看：在二维码的中间有一块儿像黑白瓷砖或棋盘。

我们可以此为记忆桩，和二维码下面的 4 个数字联想记忆。其中，72 的数字编码是企鹅，31 的数字编码是挖机。

联想记忆：瓷砖上有一只企鹅在跳，企鹅是想把瓷砖踩碎，但企鹅的跳跃力量太

小，企鹅只得开来挖机破坏瓷砖。

观察法适合想象力丰富的且时间上相较宽松的选手。

以上 5 组二维码与数字记住了吗？请写下二维码所对应的数字（见表 8-1）。

表 8-1 训练表

二维码	对应数字

续表

二维码	对应数字

2. 数数法

数数法是数一数二维码的 4 条边有多少空白区域，然后将 4 条边的空白区域的数量按一定的顺序排列成一组 4 位数，这组 4 位数正好可以转换成两个数字编码。其排列的顺序可以是上、下、左、右，也可以是左、右、上、下，或是按 4 条边的顺时针或逆时针，但在记忆时，必须采用同一种顺序。最后再将这组数字的编码看成一组记忆桩，与二维码所对应的数字联想记忆。

记忆举例 1

1211

先从最上边开始数空白区域，并按顺时针排列。

上边的空白区域有 4 个。

右边的空白区域有 3 个。

下边的空白区域有 6 个。

左边的空白区域有 3 个。

按顺时针排列，即 4363，43 的数字编码是石山，63 的数字编码是流沙（沙漏），我们将之联想为石山上有流沙流下来，以此为一组记忆桩。其中，12 的数字编码是婴儿车，11 的数字编码是筷子。

联想记忆：石山上流下来的流沙推动婴儿车，婴儿车压断筷子。

记忆举例 2

7279

同样先从最上边开始数空白区域，并按顺时针排列。

上边的空白区域有 3 个。

右边的空白区域有 7 个。

下边的空白区域有 5 个。

左边的空白区域有 4 个。

按顺时针排列，即 3754，37 的数字编码是山鸡，54 的数字编码是武士刀，我们将之联想为山鸡举着武士刀，以此为一组记忆桩。其中，72 的数字编码是企鹅，79 的数字编码是气球。

联想记忆：山鸡举着武士刀吓企鹅，企鹅被吓得直跳，一不小心踩爆气球。

0085

同样先从最上边开始数空白区域，并按顺时针排列。

上边的空白区域有 4 个。

右边的空白区域有 5 个。

下边的空白区域有 5 个。

左边的空白区域有 4 个。

按顺时针排列，即 4554，45 的数字编码是师傅，54 的数字编码是武士刀，我们将之联想为师傅放下武士刀，以此为一组记忆桩。其中，00 的数字编码是望远镜，85 的数字编码是宝物箱。

联想记忆：师傅放下武士刀后，拿起望远镜看向宝物箱。

6535

同样先从最上边开始数空白区域，并按顺时针排列。

上边的空白区域有 6 个。

右边的空白区域有 5 个。

下边的空白区域有 7 个。

左边的空白区域有 4 个。

按顺时针排列，即 6574，65 的数字编码是尿壶，74 的数字编码是骑士，我们将之联想为用尿壶浇骑士，以此为一组记忆桩。其中，35 的数字编码是香烟。

联想记忆：尿壶浇骑士，骑士一气之下用尿壶淋湿了香烟。

记忆举例 5

9955

同样先从最上边开始数空白区域，并按顺时针排列。

上边的空白区域有 4 个。

右边的空白区域有 6 个。

下边的空白区域有 6 个。

左边的空白区域有 5 个。

按顺时针排列，即 4665，46 的数字编码是饲料，65 的数字编码是尿壶，我们将之联想为把饲料全倒进尿壶里，以此为一组记忆桩。其中，99 的数字编码是一束花，55 的数字编码是火车。

联想记忆：把饲料全倒进尿壶里，再把尿壶里的饲料全倒给花，花不"吃"饲料，吓得连忙坐火车跑了。

以上 5 个二维码与数字记住了吗？请按二维码写出相应的数字（见表 8-2）。

表 8-2 训练表

二维码	对应数字

在记忆时，最好所有的二维码都统一采用同一种方法，以免在回忆时混淆所用的方法。

8.3 词语盲填

词语盲填由传统的填字游戏改编而来，传统填字游戏无须提前记忆词语，且在填词时有提示。词语盲填正好相反，不仅要提前记住所有词语，还需要强大的记忆检索能力。

词语盲填记忆方法如下。

（1）单独记忆每一个词语，把每一个词语的首字联想出图并作为记忆桩，再用联想记忆的方法逐字联想记忆，一定要逐字记忆，且不同词语间出现相同的汉字所联想出的图像要一样，这样就知道哪一个汉字的图像重复出现过。

（2）用记忆宫殿记忆每个词语的首字，也可用记忆宫殿记忆上面单独联想词语的内容。上面已逐字联想记忆过词语，这里还要用记忆宫殿记忆词语，看似多此一举，实则很有必要。用记忆宫殿记忆词语的好处是能知道有哪些词语，不会产生遗漏，以免一时想不起来单独联想的词语。

以下举例中的逐字联想系作者自己的联想。

记忆举例1

跳舞

张三丰

张牙舞爪

1）词语单独记忆

具体训练如下。

词语单独记忆 1

跳舞

逐字联想：

跳联想为跳绳

舞联想为舞蹈

联想记忆：一人拿着跳绳舞蹈

词语单独记忆 2

张三丰

逐字联想：

张联想为弓和长箭（姓名编码）

三联想为山（一位数数字编码）

丰联想为一筐粮食（粮食丰收）

联想记忆：把弓箭放进大山中的一筐粮食里

词语单独记忆 3

张牙舞爪

逐字联想：

张联想为弓和长箭（姓名编码）

牙联想为假牙（直接联想）

舞联想为舞蹈

爪联想为爪子（直接联想）

联想记忆：拿弓箭射到一个人的假牙，吓得那人开始舞蹈，并露出他的爪子

2）词语首字记忆

因词语只有 3 个，无须使用记忆宫殿，直接联想即可。当词语较多时，可用数字桩或地点桩。

联想记忆：想象在跳绳一头绑着一把弓箭。

开始填字。

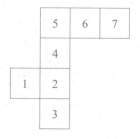

根据逐字联想，可回忆出有两处相同的联想图像，这就是逐字联想的好处，在脑海中联想图像时，即可知道有哪些相同的文字。

我们选择一处为首字的联想图像，即"张"。在方格中，方格 5 为两组方格的起始方格，也就是方格 5 填入"张"。

张联想为弓箭，根据逐字联想，可回忆出"弓箭射到假牙"和"弓箭放进大山里"，即一个词语是张牙舞爪，一个词语是张三丰，那么方格 6 填入"三"，方格 7 填入"丰"，词语张三丰已全部填入。接着是张牙舞爪，方格 4 填入"牙"，方格 2 填入"舞"，方格 3 填入"爪"。

因方格 2 是"舞"，舞联想为舞蹈，排除张牙舞爪的联想图像，还能回忆出"一人拿着跳绳舞蹈"，即词语跳舞，那么方格 1 填入"跳"。

至此，所有方格全部填写完毕，答案如下。

世界、戴罪

投名状、张家界

张冠李戴、投桃报李

1）词语单独记忆

具体训练如下。

词语单独记忆 1

世界

逐字联想：

世联想为柿子或柿饼（世谐音为柿）

界联想为戒指（界谐音为戒）

联想记忆：柿饼上嵌着一枚戒指

词语单独记忆 2

戴罪

逐字联想：

戴联想为袋子（戴谐音为袋）

罪联想为手铐

联想记忆：袋子里有手铐

词语单独记忆 3

投名状

逐字联想：

投联想为头（投谐音为头）

名联想为名片

状联想为木桩（状谐音为桩）

联想记忆：头顶名片撞到木桩上了

词语单独记忆 4

张家界

逐字联想：

张联想为手掌（张谐音为掌）

家联想为夹子（家谐音为夹）

界联想为戒指（界谐音为戒）

联想记忆：手掌拿夹子夹戒指

词语单独记忆 5

张冠李戴

逐字联想：

张联想为手掌（张谐音为掌）

冠联想为帽子

李联想为李子

戴联想为袋子（戴谐音为袋）

联想记忆：手掌拿帽子装李子，再放进袋子里

词语单独记忆 6

投桃报李

逐字联想：

投联想为头（投谐音为头）

桃联想为桃子

报联想为报纸

李联想为李子

联想记忆：头砸桃子后，用报纸包李子

2）词语首字记忆

用两位数的数字桩记忆首字，从 01 开始（见表 8-3）。

表 8-3　数字桩记忆训练表

01 数字编码记忆"世" 联想记忆：想象黑白无常吃柿饼
02 数字编码记忆"戴" 联想记忆：把铃儿放进袋子里
03 数字编码记忆"投" 联想记忆：灵山大佛摸摸我的头
04 数字编码记忆"张" 联想记忆：一整袋零食倒到手掌上
05 数字编码记忆"张" 联想记忆：灵符贴在手掌上
06 数字编码记忆"投" 联想记忆：滑板飞出，直接撞到我的头

开始填字。

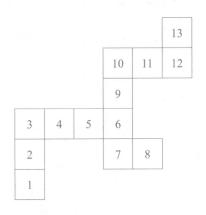

首先在数字桩中寻找是否有相同的首字，04 和 05 的数字桩上所记忆的都是手掌，也就是"张"字，即有两个词语都是以"张"字开头的。以"张"字为记忆桩开始回忆，该记忆桩上分别记忆了什么内容。一个是 3 字词"张家界"，一个是 4 字词"张冠李戴"。

接着在方格中寻找共用一个起始方格的方格组，其中 3 号方格和 10 号方格都是共用的起始方格。因以"张"字开头的两个词语是 3 字词和 4 字词，所以查看 3 号方格和 10 号方格所在的方格组是否都有 3 个方格和 4 个方格。这里，两边都有 3 个方格和 4 个方格，那只能任选其一开始填字。

先从 3 号方格开始，3 号、2 号、1 号方格分别填入"张""家""界"，4 号、5 号、6 号方格分别填入"冠""李""戴"。

6 号方格是"戴"字，回忆"戴"字，戴的联想图像是袋子，接着联想到袋子里有手铐，也就是词语"戴罪"，说明"戴"字应该是首字，显然 6 号方格所处的位置不是起始位置，也就是选择错误。

重新选择从 10 号方格开始，10 号、11 号、12 号方格分别填入"张""家""界"，9 号、6 号、7 号方格分别填入"冠""李""戴"。

7 号方格是"戴"字，前面回忆出的词语"戴罪"正好可以填入 7 号、8 号方格。

12 号方格是"界"字，前面我们把界联想成戒指，根据回忆，我们能想到戒指是被插到柿饼上的，所以 13 号方格填入"世"字。

6 号方格是"李"字，李是联想为李子，而我们联想的画面中还有李子是被报纸包裹住的，所以 5 号方格填入"报"，继而 3 号、4 号方格分别填入"投""桃"。

3 号方格是"投"字，投是联想为头，除了投桃报李，还联想到头上放名片再撞木桩子，也就是"投名状"，所以 2 号、1 号方格分别填入"名""状"。

至此，所有方格全部填写完毕，完整填词如下。

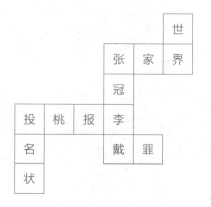

下面大家根据自己所记忆的内容，自行盲填一遍，如果有忘记所联想的内容，可以再看一遍联想，但不要看上面的最终答案。

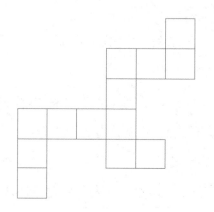

 **记忆举例3**

人民、游泳、崭新、私生活、方向盘、短平快

乐于助人、新年快乐、民心所向、年年有余、于公于私、游刃有余

1）词语单独记忆

具体训练如下。

词语单独记忆 1

人民

逐字联想：

人联想为比较有特点的某人

民联想为干活的民工（自行想象

干时的场景）

联想记忆：一人拉着干活的民工

词语单独记忆 2

游泳

逐字联想：

游联想为油（游谐音成油）

泳联想为泳衣

联想记忆：把一桶油抹在泳衣上

词语单独记忆 3

崭新

逐字联想：

崭联想为用大刀斩某东西（崭谐

音成斩）

新联想为心（新谐音成心）

联想记忆：用大刀斩心

词语单独记忆 4

方向盘

逐字联想：

方联想为方便面

向联想为大象（向谐音为象）

盘联想为盘子

联想记忆：把方便面递给大象，

大象把方便面放到盘子里

词语单独记忆 5

私生活

逐字联想：

私联想为丝绸

生联想为生米

活联想为活动室

联想记忆：用丝绸包住生米送到活动室

词语单独记忆 6

短平快

逐字联想：

短联想为短腿猫

平联想为平板

快联想为快餐盒

联想记忆：短腿猫把平板踢进快餐盒里

词语单独记忆 7

乐于助人

逐字联想：

乐联想为乐高玩具

于联想为玉（于谐音成玉）

助联想为老年助力车

人联想为比较有特点的某人

联想记忆：乐高玩具倒下砸到玉，玉滚到助力车上被车上的人捡走

词语单独记忆 8

新年快乐

逐字联想：

新联想为心（新谐音成心）

年联想为年兽

快联想为筷子

乐联想为乐高

联想记忆：

把心送给年兽，年兽用筷子玩乐高

词语单独记忆 9

民心所向

逐字联想：

民联想为干活的民工（自行想象民工干活时的场景）

心联想为心形盒子

所联想为锁（所谐音为锁）

向联想为大象（向谐音为象）

联想记忆：干活的民工捡到一心形盒子，心形盒子里有一把锁，民工用锁把大象锁住了

词语单独记忆 10

年年有余

逐字联想：

年联想为传说中的年兽（自行想象一个怪兽的形象）

有联想为钱包里有钱

余联想为鱼（余谐音成鱼）

联想记忆：两个年兽看钱包里有钱，就买了鱼

词语单独记忆 11

于公于私

逐字联想：

于联想为玉（于谐音成玉）

公联想为公文包

私联想为丝绸（私谐音成丝）

联想记忆：一玉放进公文包，一玉用丝绸包裹

词语单独记忆 12

游刃有余

逐字联想：

游联想为油（游谐音成油）

刃联想为刀刃

有联想为钱包里有钱

余联想为鱼（余谐音成鱼）

联想记忆：一桶油抹在刀刃上，用刀刃翻钱包里的钱，用来买鱼

2）用记忆桩记忆

因词语数量较多，为避免遗漏，这里用两位数的数字桩记忆词语，从21开始（见表8-4）。

表8-4 数字桩记忆训练表

21 数字编码记忆"人民" 联想记忆：想象鳄鱼咬住一人，这人又拉着干活的民工
22 数字编码记忆"游泳" 联想记忆：对联贴在一桶油上，再把这桶油抹在泳衣上
23 数字编码记忆"崭新" 联想记忆：耳塞绑在大刀上，再用大刀斩心
24 数字编码记忆"私生活" 联想记忆：闹钟响了，我立马用丝绸包住生米送到活动室
25 数字编码记忆"方向盘" 联想记忆：一边拉二胡，一边把方便面递给大象，大象把方便面放到盘子里
26 数字编码记忆"短平快" 联想记忆：溜冰鞋撞到短腿猫，短腿猫生气地把平板踢进快餐盒里
27 数字编码记忆"乐于助人" 联想记忆：耳机线带倒乐高玩具，乐高倒下砸到玉，玉滚到助力车上被车上的人捡走
28 数字编码记忆"新年快乐" 联想记忆：用耳扒把心送给年兽，年兽用筷子玩乐高
29 数字编码记忆"民心所向" 联想记忆：恶狗对干活的民工狂吠，吓得民工跑开，并捡到一心形盒子，心形盒子里有一把锁，民工用锁把大象锁住了
30 数字编码记忆"年年有余" 联想记忆：三轮车拉着两个年兽，看钱包里有钱，就买了鱼
31 数字编码记忆"于公于私" 联想记忆：挖掘机挖出玉，一玉放进公文包，一玉用丝绸包裹
32 数字编码记忆"游刃有余" 联想记忆：扇儿打翻一桶油，油抹在刀刃上，用刀刃翻钱包里的钱，用来买鱼

开始填字。首先在数字桩中寻找是否有相同的首字，22 和 32 的数字桩上所记忆的词语的首字都是"游"。一个是 2 字词"游泳"，一个是 4 字词"游刃有余"。

				13				
		10		12				
		9	8	11	14			
			7		15	24	25	26
			6		16			27
2	3	4	5		17	18		28
1						19		
						20		
					22	21	23	

接着在方格中寻找共用一个起始方格的方格组，且一组是 2 个方格，一组是 4 个方格。显然，以 2 号方格为起始的方格组适合，所以 2 号方格填入"游"，1 号方格填入"泳"，3 号方格填入"刃"，4 号方格填入"有"，5 号方格填入"余"。

5 号方格是"余"，而余是联想为鱼，回忆哪个词语的联想记忆中有鱼，想到两个年兽看到钱包里有钱就买鱼了，也就是"年年有鱼"，那么 8 号方格填入"年"，7 号方格填入"年"，6 号方格填入"有"。

8 号方格是"年"，年联想为年兽，再次回忆哪个词语的联想记忆中有年兽，如果一时没想到，就用数字桩回忆一下。回忆到 28 的数字桩中联想的有年兽，这个词语就是新年快乐。那么，9 号方格填入"新"，11 号方格填入"快"，14 号方格填入"乐"。

9 号方格是"新"，新联想为心，回忆到大刀斩心，就是崭新，即 10 号方格填入"崭"。

14 号方格是"乐",乐联想为乐高,回忆到乐高倒下,砸到玉,因此是乐于助人,填入方格中试试看,15 号方格填入"于",16 号方格填入"助",17 号方格填入"人"。

17 号方格是"人",直接想到人民一词,因而 18 号方格填入"民"。

18 号方格是"民",民联想为干活的民工,根据回忆应是民心所向,因此 19 号方格填入"心",20 号方格填入"所",21 号方格填入"向"。

21 号方格是"向",向联想为大象,因暂未想到与大象有关联的图像,只能通过数字桩查找。在 25 的数字桩上联想到有与大象相关的图像,这个词语是方向盘,即 22 号方格填入"方",23 号方格填入"盘"。

前面的 15 号方格是"于",于联想为玉,直接想到了两块玉,那就是于公于私,即 24 号方格填入"公",25 号方格填入"于",26 号方格填入"私"。

26 号方格是"私",私联想为丝绸,回忆出用丝绸包住生米送到活动室,因此是私生活,即 27 号方格填入"生",28 号方格填入"活"。

至此,所有方格填写完毕,完整填词如下。

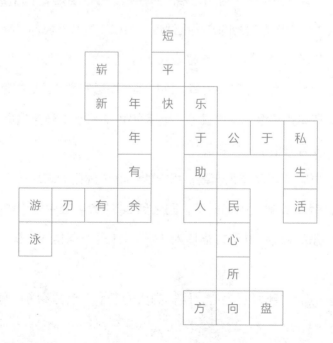

下面大家根据自己所记忆的内容，自行盲填一遍，如果有忘记所联想的内容，可以再看一遍联想，但不要看上面的最终答案。

记忆训练 1

本题只讲解内容的联想，不对方格进行填字，请大家根据联想自行填字。

竹签、十五、轮船

车轮印

学生签证、学富五车

1）词语单独记忆

具体训练如下。

词语单独记忆 1

竹签

逐字联想:

竹联想为竹子（本意联想）

签联想为签字笔

联想记忆：想象竹子上插着一签字笔

词语单独记忆 2

十五

逐字联想:

十联想为棒球（两位数数字编码）

五联想为钩子（一位数数字编码）

联想记忆：棒球砸到钩子上

词语单独记忆 3

轮船

逐字联想:

轮联想为轮胎

船联想为船（本意联想）

联想记忆：轮胎滚到船上

词语单独记忆 4

车轮印

逐字联想:

车联想为汽车

轮联想为轮胎

印联想为印章

联想记忆：汽车撞到一报废轮胎，轮胎卷起印章一起滚动，使得印章不停地盖章

词语单独记忆 5

学生签证

逐字联想：

学联想为学习用具之书包

生联想为生米

签联想为签字笔

证联想为证书

联想记忆：书包里装的全是生米，从生米里掏出一签字笔，用签字笔在证书上签上我的名字

词语单独记忆 6

学富五车

逐字联想：

学联想为学习用具之书包

富联想为一大捆钱

五联想为钩子

车联想为汽车

联想记忆：书包外面绑着一大捆钱，钱被钩子勾走并扔进汽车里

2）用记忆桩记忆

因词语数量较多，为避免遗漏，这里用两位数的数字桩记忆词语，从 41 开始（见表 8-5）。

表 8-5　数字桩记忆训练表

41 数字编码记忆"竹签" 联想记忆：司仪手里拿着的竹子上插着一支签字笔
42 数字编码记忆"十五" 联想记忆：柿儿揉烂涂在棒球上，再把棒球砸到钩子上
43 数字编码记忆"轮船" 联想记忆：石山上挂着的轮胎滚到船上
44 数字编码记忆"车轮印" 联想记忆：石狮推走汽车，不小心撞到一报废轮胎，轮胎卷起印章一起滚动，使得印章不停地盖章

续表

45 数字编码记忆 "学生签证" 联想记忆：（唐僧）师傅背着的书包里装的全是生米，从生米里掏出一签字笔，用签字笔在证书上签上我的名字
46 数字编码记忆 "学富五车" 联想记忆：从饲料袋里翻出的书包外面竟绑着一大捆钱，钱被钩子勾走并扔进汽车里

请大家试着填字。

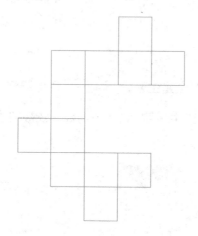

记忆训练 2

本题只讲解词语单独记忆，不对方格进行填字，请大家根据联想自行填字。

地球、地壳

金银花

金蝉脱壳、花拳绣腿

1）词语单独记忆

具体训练如下。

词语单独记忆 1

地球

逐字联想：

地联想为地板

球联想为足球或皮球等

联想记忆：想象地板上有一足球弹起

词语单独记忆 2

地壳

逐字联想：

地联想为地板

壳（qiào）联想为某物品外壳，如花生壳

联想记忆：地板上堆满了花生壳

词语单独记忆 3

金银花

逐字联想：

金联想为金块

银联想为银牌

花直接联想为一朵花

联想记忆：金块上挂着一银牌，银牌掉下来砸到一朵花

词语单独记忆 4

金蝉脱壳

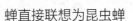

逐字联想：

金联想为金块

蝉直接联想为昆虫蝉

脱联想为脱衣服

壳联想为某物品外壳，如花生壳

联想记忆：金块压住蝉，蝉脱掉衣服，躲到花生壳里

词语单独记忆 5

花拳绣腿

逐字联想：

花直接联想为一朵花

拳直接联想为拳靶

绣联想为绣花针

腿直接联想为腿

联想记忆：一朵花放在拳靶上，再用绣花针把花缝在上面，缝的过程中不小心扎到腿了

2）用记忆桩记忆

请自行运用记忆宫殿记忆词语，具体训练如下。

练 习

请大家试着填字。

第 9 章

记忆宫殿应用 3：
学习内容记忆

我们今天知道的东西，到明天就会过时，如果我们停止学习，
就会停滞不前。——多萝茜 · D.比林顿

9.1 诗词记忆

如何将记忆宫殿运用到学习上是很多人最关心的问题。毕竟只是单纯地运用记忆宫殿来记忆词语、数字、扑克牌等内容，并不能解决实际的学习问题，学习记忆法是为了更方便地记忆知识。

其实，不管是运用记忆宫殿来记忆词语、数字等，还是为了服务于知识的记忆，其记忆原理是一样的，能够记忆词语、数字等内容，就可以记忆学习方面的内容，并且运用记忆宫殿记忆词语有利于记忆学习方面的内容。

下面运用记忆宫殿记忆诗词：

西江月·夜行黄沙道中

[宋] 辛弃疾

明月别枝惊鹊，清风半夜鸣蝉。

稻花香里说丰年，听取蛙声一片。

七八个星天外，两三点雨山前。

旧时茅店社林边，路转溪桥忽见。

我们使用下图的 4 个地点桩记忆这首诗词，1 个地点桩记忆 1 句诗。具体训练见表 9-1。

表 9-1　地点桩记忆训练表

第 1 个地点桩记忆"明月别枝惊鹊，清风半夜鸣蝉"

详细联想：想象门上挂着一个明亮的月亮，我用一个树枝去戳月亮，然而一受惊的喜鹊落到了树枝上，一阵清风吹来，门下面的蝉都鸣叫了。

简化联想：想象门上挂着明月，清风吹掉了明月。

第 2 个地点桩记忆"稻花香里说丰年，听取蛙声一片"

详细联想：柜子里有很多稻花香，稻花里有人在说今年是个丰收年，刚说完，就听到稻花香里有一片的青蛙叫起来了。

简化联想：柜子里有很多稻花香，稻花香里有一片的青蛙。

第 3 个地点桩记忆"七八个星天外，两三点雨山前"

详细联想：想象椅子上有七八个星星，数来数去还数不清，不数了，全部扔天外去，刚扔完就有两三点雨下到我的脸上，我一看，有一山在我前面了。

简化联想：想象椅子上有七八个星星，然后有两三点雨落在星星上了。

第 4 个地点桩记忆"旧时茅店社林边，路转溪桥忽见"

详细联想：想象桌子上有一个以前的茅草小店，小店旁边是一片森林，顺着森林旁边的小路一转，那个溪流和小桥就呈现在眼前了。

简化联想：想象桌子上有一茅草小店，小店旁边有溪流和小桥。

这首诗词已记忆完，请闭眼回忆。

根据个人情况，可选择详细联想还是简化联想，初学者先使用详细联想，慢慢适应这种记忆方法后，再提取关键词进行简化联想。

有些人可能会担心用这种提取关键词转换图像的方法进行联想，所联想的画面跟原文的内容没有多大关系，害怕会误导对文章内涵的理解，这种担心完全没必要。

这个方法只是针对文字记忆，并不涉及理解，事实上，每记一句，都可以先通过关键词的图像把关键词联想出来，然后根据关键词想出整句话，这样还是建立在对这句话的理解之上的。

9.2 《琵琶行》记忆

本节记忆《琵琶行》，但我们用两位数数字桩记忆，每个数字桩记忆一行内容，数字桩就相当于每行内容的索引，我们根据这个索引可以回忆任意一行的内容。

琵琶行

〔唐〕白居易

浔阳江头夜送客，枫叶荻花秋瑟瑟。

主人下马客在船，举酒欲饮无管弦。

醉不成欢惨将别，别时茫茫江浸月。

忽闻水上琵琶声，主人忘归客不发。

寻声暗问弹者谁，琵琶声停欲语迟。

移船相近邀相见，添酒回灯重开宴。

千呼万唤始出来，犹抱琵琶半遮面。

转轴拨弦三两声，未成曲调先有情。

弦弦掩抑声声思，似诉平生不得志。

低眉信手续续弹，说尽心中无尽事。

轻拢慢捻抹复挑，初为《霓裳》后《六幺》。

大弦嘈嘈如急雨，小弦切切如私语。

嘈嘈切切错杂弹，大珠小珠落玉盘。

间关莺语花底滑，幽咽泉流冰下难。

冰泉冷涩弦凝绝，凝绝不通声暂歇。

别有幽愁暗恨生，此时无声胜有声。

银瓶乍破水浆迸，铁骑突出刀枪鸣。

曲终收拨当心画，四弦一声如裂帛。

东船西舫悄无言，唯见江心秋月白。

沉吟放拨插弦中，整顿衣裳起敛容。

自言本是京城女，家在虾蟆陵下住。

十三学得琵琶成，名属教坊第一部。

曲罢曾教善才服，妆成每被秋娘妒。

五陵年少争缠头，一曲红绡不知数。

钿头银篦击节碎，血色罗裙翻酒污。

今年欢笑复明年，秋月春风等闲度。

弟走从军阿姨死，暮去朝来颜色故。

门前冷落鞍马稀，老大嫁作商人妇。

商人重利轻别离，前月浮梁买茶去。

去来江口空守船，绕船月明江水寒。

夜深忽梦少年事，梦啼妆泪红阑干。

我闻琵琶已叹息，又闻此语重唧唧。

同是天涯沦落人，相逢何必曾相识。

我从去年辞帝京，谪居卧病浔阳城。

浔阳地僻无音乐，终岁不闻丝竹声。

住近湓江地低湿，黄芦苦竹绕宅生。

其间旦暮闻何物，杜鹃啼血猿哀鸣。

春江花朝秋月夜，往往取酒还独倾。

岂无山歌与村笛？呕哑嘲哳难为听。

今夜闻君琵琶语，如听仙乐耳暂明。

莫辞更坐弹一曲，为君翻作《琵琶行》。

感我此言良久立，却坐促弦弦转急。

凄凄不似向前声，满座重闻皆掩泣。

座中泣下谁最多，江州司马青衫湿。

具体练习如表 9-2 所示。

表 9-2 地点桩记忆训练表

第 01 个数字桩（黑白无常）记忆"浔阳江头夜送客，枫叶荻花秋瑟瑟"

联想记忆：黑白无常寻找（想象寻找的样子）阳光，到了一条江的尽头，就是为了在夜里送一个客人，江头旁边一棵枫叶树上有一个笛子里插着一花，突然秋风吹过来把花吹掉了，小树被吹得瑟瑟发抖。

方法说明："浔"谐音成"寻"，"荻"谐音成"笛"。

第 02 个数字桩（铃儿）记忆"主人下马客在船，举酒欲饮无管弦"

联想记忆：你按按铃儿，铃儿响了响，主人就下马，客人就在船上了。他们举起酒将要喝酒的时候，看看船尾没有管弦奏乐。

第 03 个数字桩（灵山大佛）记忆"醉不成欢惨将别，别时茫茫江浸月"

联想记忆：灵山大佛醉了，却不欢乐，惨惨地将要离别，离别的时候茫茫的江里浸泡着一个月亮。

第 04 个数字桩（零食）记忆"忽闻水上琵琶声，主人忘归客不发"

联想记忆：吃零食的时候忽然听到水上有琵琶声，大家都听得入神了，主人忘记归去，客人也不出发。

第 05 个数字桩（灵符）记忆"寻声暗问弹者谁，琵琶声停欲语迟"

联想记忆：拿着灵符的居士（信佛者）寻着声音暗自问"弹的人是谁"，这时琵琶的声音停下来，弹的人张开嘴想说什么，也迟了。

第 06 个数字桩（滑板）记忆"移船相近邀相见，添酒回灯重开宴"

联想记忆：用滑板移动着船，两船靠近后邀请大家相见，大家添满了酒，回到灯前重新开了宴席。

第 07 个数字桩（令旗）记忆"千呼万唤始出来，犹抱琵琶半遮面"

联想记忆：令旗挥舞千万次，发出呼呼的声音，终于出来一个美人。她犹然抱着琵琶遮住半边面。

第 08 个数字桩（篱笆）记忆"转轴拨弦三两声，未成曲调先有情"

联想记忆：把篱笆挂在转轴上后，才开始拨弦，弹了三两下，发出了一些声音，虽没有弹成什么曲调，但能听出是用了情的。

第 09 个数字桩（灵柩）记忆"弦弦掩抑声声思，似诉平生不得志"

联想记忆：灵柩上只绑着两根弦，这两根弦发出的声音掩抑着别人的一声声思念，好像在诉说平生不得志。

方法说明：因开头是"弦弦"两个字，所以灵柩上绑着两根弦。

第 10 个数字桩（棒球）记忆"低眉信手续续弹，说尽心中无尽事"

联想记忆：棒球手是低眉毛的，一手拿信，一手断断续续地弹，并说尽心中的无尽事。

续表

第 11 个数字桩（筷子）记忆"轻拢慢捻抹复挑，初为《霓裳》后《六幺》"

联想记忆：用筷子轻轻聚拢某物，再慢慢捻压，接着抹上福字后挑走，出去为了买霓裳，后发现不是柳腰，穿不了哦。

方法说明："初"谐音成"出"，"六幺"谐音成"柳腰"。

第 12 个数字桩（婴儿）记忆"大弦嘈嘈如急雨，小弦切切如私语"

联想记忆：有一对双胞胎婴儿，大的叫大弦，吵吵如下急雨，小的叫小弦，说话窃窃私语的。

方法说明："嘈"谐音成"吵"，"切"谐音成"窃"。

第 13 个数字桩（衣裳）记忆"嘈嘈切切错杂弹，大珠小珠落玉盘"

联想记忆：衣裳里有两根草，把草切切，错杂地放着，再弹出去，突然草里的大珠和小珠落到玉盘里了。

方法说明："嘈"谐音成"草"。

第 14 个数字桩（钥匙）记忆"间关莺语花底滑，幽咽泉流冰下难"

联想记忆：钥匙打开房间，里面关着一个说英语的人。他在花底下滑了一下，然后他悠悠地咽了咽口水，这一咽，口水就像泉流一样，但流到冰下后难以再往下流了。

方法说明："莺"谐音成"英"。

第 15 个数字桩（鹦鹉）记忆"冰泉冷涩弦凝绝，凝绝不通声暂歇"

联想记忆：鹦鹉喝了冰泉水，又冷又涩，好像弦凝固了，凝固不能通声，只好暂时歇息下。

第 16 个数字桩（石榴）记忆"别有幽愁暗恨生，此时无声胜有声"

联想记忆：石榴，你别有幽愁，我们吃你时是无声的。

第 17 个数字桩（仪器）记忆"银瓶乍破水浆迸，铁骑突出刀枪鸣"

联想记忆：仪器上的银瓶炸破了，水浆迸出，从水浆里带出一队铁骑，铁骑突出重围时刀枪鸣响。

第 18 个数字桩（腰包）记忆"曲终收拨当心画，四弦一声如裂帛"

联想记忆：腰包里的收音机放的曲子终止了，我也收拾拨片，并当心一划，划到四弦上发出一声，如撕裂布帛。

第 19 个数字桩（衣钩）记忆"东船西舫悄无言，唯见江心秋月白"

联想记忆：用衣钩钩住东边的船和西边的舫，结果把牙齿都钩掉了，所以无言了，这时只见江心有一白白的秋月。

第 20 个数字桩（耳铃）记忆"沉吟放拨插弦中，整顿衣裳起敛容"

联想记忆：耳铃发出沉吟声，使我放弃拨片，直接把手插进弦中，再把手拿出来整理衣裳，收起笑容。

第 21 个数字桩（鳄鱼）记忆"自言本是京城女，家在虾蟆陵下住" 联想记忆：鳄鱼自言自语地说它本是京城女鳄鱼，家在龙虾和蛤蟆的陵墓下面。
第 22 个数字桩（对联）记忆"十三学得琵琶成，名属教坊第一部" 联想记忆：对联上挂着一衣裳，衣裳自己在学琵琶，并获得第一名。 方法说明：数字 13（十三）的编码是衣裳。
第 23 个数字桩（耳塞）记忆"曲罢曾教善才服，妆成每被秋娘妒" 联想记忆：戴着耳塞再弹，反正我听不见，弹成噪音也不管了，没想弹完曲子后，叫人叹服，化的妆也每每被秋娘嫉妒。
第 24 个数字桩（闹钟）记忆"五陵年少争缠头，一曲红绡不知数" 联想记忆：闹钟放在五菱汽车上，车上有几个年少的人争着缠头，车上放着一曲音乐，还有很多红绡，数都数不过来。 方法说明："五陵"谐音成"五菱"。
第 25 个数字桩（二胡）记忆"钿头银篦击节碎，血色罗裙翻酒污" 联想记忆：二胡就像人一样，开始点头后用篦子击打自己每节骨头，使其碎，血色落到罗裙上，一慌忙又打翻酒，酒污染了裙子。 方法说明："钿头"谐音成"点头"。
第 26 个数字桩（溜冰鞋）记忆"今年欢笑复明年，秋月春风等闲度" 联想记忆：今年买了一双溜冰鞋，我的欢笑多了，明年也一样，迎着秋月溜到了春风的日子。
第 27 个数字桩（耳机）记忆"弟走从军阿姨死，暮去朝来颜色故" 联想记忆：买耳机送给弟弟，但弟弟从军了，阿姨也死了，因此我晚上出去，早上归来，容颜也老了。
第 28 个数字桩（耳扒）记忆"门前冷落鞍马稀，老大嫁作商人妇" 联想记忆：耳扒放在门前，吓得别人不敢来我家，所以很冷落，鞍马稀少，所以更没有提亲的，慢慢地我也老了，只得嫁给商人。
第 29 个数字桩（恶狗）记忆"商人重利轻别离，前月浮梁买茶去" 联想记忆：恶狗闻到商人的利益心，吓得商人只得轻轻地离开，商人上月还去买茶的。
第 30 个数字桩（三轮车）记忆"去来江口空守船，绕船月明江水寒" 联想记忆：三轮车在江口来来去去的，看到一人空守船，就绕着船跑到月明了，江水冒寒气了。
第 31 个数字桩（挖机）记忆"夜深忽梦少年事，梦啼妆泪红阑干" 联想记忆：挖机司机在夜深忽然梦到少年的事情，梦中哭啼，化的妆都被弄污损了，最后干了。

第 32 个数字桩（扇儿）记忆"我闻琵琶已叹息，又闻此语重唧唧"

联想记忆：我摇着扇子听闻到琵琶声后叹息一声，又听到她这番诉说更叫我悲凄。

第 33 个数字桩（笔山）记忆"同是天涯沦落人，相逢何必曾相识"

联想记忆：笔山是铜做的，外形类似一座山，山峰直通天上，山上有山崖，我们在山崖上相逢，却已不认识。

方法说明："同"谐音成"铜"。

第 34 个数字桩（帽子）记忆"我从去年辞帝京，谪居卧病浔阳城"

联想记忆：绅士给我一顶帽子，我去年戴着这帽子辞别京城，但在我折菊后，可能受到菊花的诅咒，就卧病浔阳城了。

方法说明："谪居"谐音成"折菊"。

第 35 个数字桩（香烟）记忆"浔阳地僻无音乐，终岁不闻丝竹声"

联想记忆：香烟竟会自己寻找阳光，通过阳光把自己点燃，只因地方太偏僻，没有柴火，也没有音乐，整年听不到丝竹声。

方法说明："浔"谐音成"寻"。

第 36 个数字桩（山鹿）记忆"住近湓江地低湿，黄芦苦竹绕宅生"

联想记忆：山鹿住在湓江边，地势低，易潮湿，但在这样的环境中，黄芦和苦竹都绕着住宅生长。

第 37 个数字桩（山鸡）记忆"其间旦暮闻何物，杜鹃啼血猿哀鸣"

联想记忆：山鸡骑在你肩上打弹幕，还闻着不知何物的东西，杜鹃看到后，直接啼血，猿看到后，直接哀鸣。

方法说明："其间"谐音成"骑肩"，"旦暮"谐音成"弹幕"。

第 38 个数字桩（沙发）记忆"春江花朝秋月夜，往往取酒还独倾"

联想记忆：沙发漂在春江里，江对面的花面朝秋月，花里的人拿两个碗取酒，并独饮。

方法说明："往"谐音成"碗"。

第 39 个数字桩（药）记忆"岂无山歌与村笛？呕哑嘲哳难为听"

联想记忆：药企里面没有人唱山歌和吹村笛，只有呕吐的鸭子找人扎它。

方法说明："岂"谐音成"企"，"嘲哳"谐音成"找扎"

第 40 个数字桩（司令）记忆"今夜闻君琵琶语，如听仙乐耳暂明"

联想记忆：司令今夜要听君的琵琶，司令每次如听仙乐。

第 41 个数字桩（司仪）记忆"莫辞更坐弹一曲，为君翻作《琵琶行》"

联想记忆：司仪让你莫要推辞，坐下弹一曲，为你翻作《琵琶行》。

第 42 个数字桩（柿儿）记忆"感我此言良久立，却坐促弦弦转急"

联想记忆：柿儿被我感动，站在树上好久，树上的雀坐下急促地弹弦。

方法说明："却"谐音成"雀"。

续表

第 43 个数字桩（石山）记忆"凄凄不似向前声，满座重闻皆掩泣" 联想记忆：石山上的旗旗不撕下来，扛着向前冲，冲到满座人们掩面哭泣的地方。 方法说明："凄"谐音成"旗"，"似"谐音成"撕"。
第 44 个数字桩（石狮）记忆"座中泣下谁最多，江州司马青衫湿" 联想记忆：石狮底座中有人哭泣，流下很多眼泪，眼泪都汇成一条江了，江中一舟里的死马上的青衫都湿了。 方法说明："州"谐音成"舟"。

可能有人会觉得这样记忆好麻烦，仁者见仁，智者见智。如果是死记硬背，很容易忘记，而用数字桩记忆，每个数字桩就是一个索引，有了索引就不易忘记；有了索引，你就能知道这个索引里面是什么内容。如果是死记硬背，很容易漏掉某几句，而用数字桩记忆，你能掌握每一句的顺序或序号，这样就是按顺序记忆的，肯定不会漏掉一句。如果是死记硬背，很容易把某几句的前后关系搞混淆，而用数字桩记忆，你能掌握每一句的前后关系，知道某一句的上一句是什么，下一句是什么。

现在大家可以从第一句背到最后一句，然后再从最后一句倒着背到第一句，或从 1 到 44 之间随机报出一个数，再背出这个数字所对应的《琵琶行》，请大家自行测试，学习记忆术是自觉、自学的过程。

9.3 文章记忆

使用记忆宫殿背诵文章，其实就是提取关键字词，根据关键字词联想出图像，再把关键字词的图像"放"到记忆宫殿的地点桩上。如何提取关键字词已讲过，用地点桩记忆词语也讲过，使用记忆宫殿背诵文章只不过就是把这两个综合一下，我想大家应该不成问题。为了便于大家理解，我还是用具体的例子做详细说明。

假设有以下地点桩，使用这些地点桩记忆本节第一段内容。

门、鞋架、沙发、茶几、花盆、空调

窗户、电视、书柜、落地灯

记忆方法

（1）提取文章每句中的关键字词，可以提取一个或多个关键字词。

（2）根据关键字词联想出图像。

（3）把关键字词的图像"放"到记忆宫殿的地点桩上。

具体练习如表 9-3 所示。

表 9-3　地点桩记忆训练表

第 1 个地点桩（门） 第 1 句：使用记忆宫殿背诵文章 提取关键字词：宫殿、文章 关键字词联想成图："宫殿"联想成"宫殿的模型"，"文章"联想成"一篇纸质的文章" 联想记忆：想象在门外面放一个宫殿的模型，然后再把一篇纸质的文章放进这个宫殿中
第 2 个地点桩（鞋架） 第 2 句：其实就是提取关键字词 提取关键字词：提取 关键字词联想成图："提取"联想成"镊子" 联想记忆：想象我拿镊子从鞋架上提取一个词语卡片
第 3 个地点桩（沙发） 第 3 句：根据关键字词联想出图像 提取关键字词：图像 关键字词联想成图："图像"联想成"图画" 联想记忆：想象把一幅有字的图画放在沙发上
第 4 个地点桩（茶几） 第 4 句：再把关键字词的图像"放"到记忆宫殿的地点桩上 提取关键字词：图像、桩 关键字词联想成图："图像"联想成"图画"，"桩"联想成"木头桩" 联想记忆：想象茶几上有一幅图画，再把一个木头桩插进图画，放在茶几上

第 5 个地点桩（花盆）

第 5 句：如何提取关键字词已讲过

提取关键字词：讲过

关键字词联想成图：原意联想

联想记忆：想象我曾坐在花盆跟你讲过一些关键的信息

第 6 个地点桩（空调）

第 6 句：用地点桩记忆词语也讲过

提取关键字词：桩、词语

关键字词联想成图："桩"联想成"木头桩"，"词语"联想成"词语卡片"

联想记忆：想象一木头桩靠在空调上，但木头桩倒下砸到一些词语卡片

第 7 个地点桩（窗户）

第 7 句：使用记忆宫殿背诵文章只不过就是把这两个综合一下

提取关键字词：宫殿、综合

关键字词联想成图："宫殿"联想成"宫殿模型"，"综合"联想成"棕色的盒子"

联想记忆：想象窗户上有一宫殿模型，然后用一棕色的盒子盖住宫殿模型

第 8 个地点桩（电视）

第 8~9 句：我想大家应该不成问题的，但这里我还是讲一下

提取关键字词：问题、讲一下

关键字词联想成图："问题"联想成"问号"

联想记忆：想象电视中出现一个大大的问号，我把这个问号拿出来给大家讲了一下

第 9 个地点桩（书柜）

第 10~11 句：因为我遇到一些网友，单纯把原理说明白了还不行

提取关键字词：网友、原理

关键字词联想成图："网友"联想成"电脑和网友聊天"

联想记忆：想象我用书柜上的电脑和网友聊天，给网友讲了电脑的工作原理

第 10 个地点桩（落地灯）

第 12~13 句：非要举个"栗子"，那我就再举个"栗子"

提取关键字词：栗子、举

关键字词联想成图：原意联想

联想记忆：想象在落地灯旁边有人给我一个栗子，我举起栗子放到落地灯的灯罩上

因准备的地点桩只有 10 个，所以最后 3 个地点桩分别记忆了两句。

9.4 表格内容记忆

不管在学习还是工作中，都会接触到表格形式的内容，而有的内容是需要记忆的，很多人对于表格内容的记忆很苦恼，所以在这里简单介绍一下表格内容的记忆方法。简单的表格内容可以运用联想记忆，比较复杂的内容则可以使用记忆宫殿法。

记忆方法

（1）简单表格直接联想记忆，横向联想或纵向联想。

（2）复杂表格用记忆宫殿，一组记忆桩记忆一行或一列。

记忆举例 1

记忆表 9-4。

表 9-4 示例表

	A	B
甲	34	65
乙	21	88

说明：可以横向记忆，也可纵向记忆。第一横向是甲，从"甲"到"34"到"65"，第二横向是乙，从"乙"到"21"到"88"；第一纵向是 A，从"A"到"34"到"21"，第二纵向是 B，从"B"到"65"到"88"。

具体数字编码如表 9-5 所示。

表 9-5 数字编码表

34 数字编码是绅士帽
65 数字编码是尿壶

续表

21 数字编码是鳄鱼
88 数字编码是粑粑
甲联想成甲壳虫，乙联想成蚂蚁
A 字母编码是苹果
B 字母编码是笔
注意：如果经常要用到字母，请使用字母编码。

大家可根据具体情况选择是横向记忆还是纵向记忆，两种形式分别讲解如下。

横向联想

第一横向

想象甲壳虫举起绅士帽，把帽子盖到尿壶上

第二横向

想象蚂蚁爬到鳄鱼上，弄得鳄鱼痒痒的，直接吓出粑粑了

纵向联想

第一纵向

想象把苹果放进帽子里，帽子却被鳄鱼拿走了

第二纵向

想象笔扎破尿壶，尿壶里的液体洒到粑粑上了

对于简单的表格，这样联想记忆是很方便的，但如果表格内容较多，且要考查表格中间某个内容是什么，单纯的联想记忆很难实现，因为要从表格中第一个内容一直联想到所需的那个内容，这样比较费时费力。

接下来，使用记忆宫殿记忆上述表格内容。

首先，假想一个小的记忆宫殿，在这个小的记忆宫殿中有以下 4 个地点桩：

床、桌子、电脑、椅子

开始记忆训练（见表 9-6）。

表 9-6　地点桩记忆训练表

第一个地点桩记忆甲 A 的内容"34" 联想记忆：想象床上有一顶帽子
第二个地点桩记忆甲 B 的内容"65" 联想记忆：想象桌子上的尿壶翻倒了，里面的液体全洒出来了
第三个地点桩记忆乙 A 的内容"21" 联想记忆：想象电脑屏幕中爬出一条鳄鱼，使劲咬电脑
第四个地点桩记忆乙 B 的内容"88" 联想记忆：想象椅子上有一粑粑，好难闻啊

表格中每个内容都对应一个地点桩，想知道任意一个表格中的内容，只需找出对应的地点桩，再回忆这个地点桩上的内容即可。

如果现在考查表格中甲 B 的内容是什么，那么只需想出第二个地点桩中的内容即可，但这个表格比较简单，还无法体现出记忆宫殿的优势。

记忆表 9-7。

表 9-7　示例表

	1	2	3	4	5
甲	58	A	大饼	面纸	S
乙	牛奶	22	火机	79	瓜子
丙	E	毛巾	D	94	牙刷

使用记忆宫殿记忆表 9-7 的内容。使用两位数的数字编码记忆，51~55 的数字编码记忆甲行，61~65 的数字编码记忆乙行，71~75 的数字编码记忆丙行。

具体训练见表 9-8 所示。

表 9-8　地点桩记忆训练表

51 数字桩记忆甲 1 的内容 "58" 联想记忆：想象锤子打落火把（58）
52 数字桩记忆甲 2 的内容 "A" 联想记忆：想象斧儿劈苹果（A）
53 数字桩记忆甲 3 的内容 "大饼" 联想记忆：想象从乌纱帽里拿出一大饼
54 数字桩记忆甲 4 的内容 "面纸" 联想记忆：想象武士刀有点生锈，用一包面纸擦擦
55 数字桩记忆甲 5 的内容 "S" 联想记忆：想象火车碾压蛇（S）
61 数字桩记忆乙 1 的内容 "牛奶" 联想记忆：想象用红布巾捆绑一小盒牛奶
62 数字桩记忆乙 2 的内容 "22" 联想记忆：想象在牛儿头上贴对联（22）
63 数字桩记忆乙 3 的内容 "火机" 联想记忆：想象沙漏倒下砸爆火机
64 数字桩记忆乙 4 的内容 "79" 联想记忆：想象螺丝拧进气球（79）里，当然气球也爆了
65 数字桩记忆乙 5 的内容 "瓜子" 联想记忆：想象把尿壶里的液体倒在瓜子上

续表

71 数字桩记忆丙 1 的内容 "E" 联想记忆：想象飞机撞到鹅（E）了
72 数字桩记忆丙 2 的内容 "毛巾" 联想记忆：想象企鹅跳累了，用毛巾擦汗
73 数字桩记忆丙 3 的内容 "D" 联想记忆：想象抱着旗杆练大提琴（D）
74 数字桩记忆丙 4 的内容 "94" 联想记忆：想象骑士捡到一首饰（94）
75 数字桩记忆丙 5 的内容 "牙刷" 联想记忆：想象积木脏了，用牙刷刷一刷

记忆完毕。如果表格中的内容有七八列，且是横向记忆，那用一个房间 10 个地点桩记忆一横排，本房间中剩下两三个地点桩则不再需要，直接跳转到下一房间记忆下一横排。如果表格中的内容超过 10 列，则需要两个房间的地点桩，依此类推。

请填写表 9-9 中的内容。

表 9-9　练习表

	1	2	3	4	5
甲					
乙					
丙					